L'AFFAIRE AIR COCAÏNE

Image de couverture : © Shutterstock
1240067545 et 2145294841

Conception de la couverture : Christophe Petit
Composition : Nord Compo

Collection « Hugo Doc® » dirigée par Arthur de Saint Vincent
Ouvrage dirigé par Lea Mariani

Département de Hugo Publishing
34-36, rue La Pérouse
75116 Paris
www.hugoetcie.fr

ISBN : 9782755662696
Dépôt légal : mai 2023
Imprimé en Espagne par CPI Black Print

PIERRE-MARC DREYFUS
avec Mathieu Le Maux

L'AFFAIRE AIR COCAÏNE

HISTOIRE D'UN CRASH EN PLEIN VOL

Hugo Doc

CHRONOLOGIE

• 5 et 9 décembre 2012 : vol aller Le Bourget-Puerto Plata (République dominicaine) et vol retour Puerto Plata-Saint-Tropez (*via* les Açores pour chaque vol) avec à leur bord les pilotes Pascal Fauret et Bruno Odos, et le client Nicolas Pisapia.

• Fin février 2013 : vol aller-retour Le Bourget-Quito (Équateur) (*via* les Açores pour chaque vol) avec à leur bord les pilotes, le client Nicolas Pisapia et l'apporteur d'affaires Alain Castany, récupéré lors d'une escale aux Antilles.

• 17 mars 2013 : vol Le Bourget-Punta Cana (République dominicaine) (*via* les Açores) avec à son bord les pilotes et Alain Castany.

- 19 mars 2013 : vol prévu de Punta Cana vers Saint-Tropez, avec à son bord les pilotes, Alain Castany et Nicolas Pisapia, arrivé entre temps à Punta Cana par un vol commercial en provenance de Bucarest. Ce vol n'a jamais décollé.
- Nuit du 19 au 20 mars 2013 : les pilotes Pascal Fauret et Bruno Odos, Nicolas Pisapia et Alain Castany sont arrêtés à l'aéroport de Punta Cana et emprisonnés.
- 3 septembre 2013 au 28 août 2014 : détention provisoire de Pierre-Marc Dreyfus à la maison d'arrêt des Baumettes à Marseille.
- 27 juin 2014 : libération des pilotes Pascal Fauret et Bruno Odos après quinze mois de détention à la prison d'Higuey en République dominicaine.
- 14 août 2015 : Pascal Fauret, Bruno Odos, Nicolas Pisapia et Alain Castany sont condamnés à vingt ans de prison par le tribunal de Saint-Domingue. Ils sont assignés à résidence.
- 24 et 25 octobre 2015 : les pilotes fuient la République dominicaine vers la France.
- 18 février au 5 avril 2019 : procès en première instance devant une cour d'assises spéciale, sans jury, au tribunal d'Aix-en-Provence. Sept des neufs accusés sont condamnés. Pierre-Marc Dreyfus est condamné

à six ans de prison ferme et deux millions d'euros d'amende douanière.

- 5 avril au 16 mai 2019 : détention de Pierre-Marc Dreyfus à la prison de Luynes à Aix-en-Provence.
- 7 juin au 8 juillet 2021 : procès à la cour d'appel spéciale d'Aix-en-Provence, le verdict est le même qu'en première instance pour Pierre-Marc Dreyfus.
- 8 juillet au 21 octobre 2021 : détention de Pierre-Marc Dreyfus à la prison de Luynes à Aix-en-Provence.
- 30 novembre 2022 : la cour de cassation confirme le verdict de la Cour d'appel d'Aix-en-Provence.

AVANT-PROPOS

Marseille, prison des Baumettes, mercredi 11 septembre 2013. Il est un peu plus de minuit. Enfin je crois. Je ne sais plus trop. Je ne sais plus rien, à cet instant, assommé de fatigue, sonné par cette semaine de calvaire. On m'a cueilli au réveil, à mon domicile lyonnais, puis brinquebalé du huis clos du commissariat (quatre-vingt-seize heures de garde à vue) à la maison d'arrêt de Lyon-Corbas avant un transfert dans les geôles du palais de justice de Marseille. Et me voilà dans ce centre pénitentiaire dont le seul nom fait froid dans le dos. Moi, aux Baumettes… *Mais qu'est-ce que je fous là ?*

J'entends le brusque claquement métallique du verrou derrière moi. La lourde porte d'entrée se ferme. C'est insensé, c'est fou, mais bien réel : je suis en taule. En taule ! La lumière s'éteint. Au sens propre comme au figuré. Je ne suis plus Pierre-Marc Dreyfus. Je ne suis plus l'ancien pilote d'avion devenu patron d'une compagnie aérienne de jets privés. Je ne suis plus celui que Nicolas Sarkozy ou Zinedine Zidane appellent pour les faire voyager. Je ne suis plus le fils de parents entrepreneurs, aussi discrets que bosseurs. Je ne suis plus un mari. Je ne suis plus le père de trois garçons que j'adore. Je ne suis plus cet homme optimiste et généreux – je crois – qui aime la vie, les chevaux, les grandes tablées, le sport, les rencontres, les voyages, les rires, le bon vin, les copains… Je ne suis plus tout ça. Je ne suis plus rien.

Au milieu de la nuit, dans l'antichambre de mon futur enfer aux parois froides et lugubres, je deviens le matricule 87844 d'un centre pénitentiaire. Je suis un homme de 48 ans qui n'a rien à se reprocher mais que la police accable et maltraite depuis trois jours. À cet instant, je me trouve dans le dépouillement le plus total. Je suis sale. Je suinte dans les guenilles que l'administration pénitentiaire a bien voulu me donner – trop aimable… J'ai faim sans avoir envie de manger, le ventre tordu. J'ai soif alors que je ne pisse plus depuis le premier jour de ce cauchemar – un blocage urinaire causé par le choc et le stress me fait souffrir le martyre. Je porte une sonde dans la main droite, une poche provisoire censée être remplacée toutes les vingt-quatre heures. Elle n'a pas été changée depuis… une semaine ! Je serre les dents. Mais le plus dur à encaisser, à juguler, c'est l'angoisse, mêlée d'un sentiment d'abandon total. Je ne vaux pas plus qu'un enfant apeuré, lâché pour la première fois dans une cour d'école. Moi que rien n'effraie d'ordinaire, désormais, j'ai peur. C'est un horrible vertige, le comble pour un pilote d'avion, de sentir que soudainement, votre vie ne vous appartient plus. Avec une violence et à une vitesse inouïes, je bascule dans un monde parallèle. Un monde qui pue le shit et les chiottes, et dans lequel je n'aurais jamais imaginé – et jamais dû – mettre les pieds. Bon sang, qu'ai-je fait pour qu'on m'inflige ça ? Si quelqu'un m'avait dit un jour que je passerais ne serait-ce qu'une seule nuit en prison, je lui aurais ri au nez. Il faut avoir fait quelque chose de mal pour finir derrière les barreaux, non ? Ce qui n'est pas mon cas. Et pourtant…

Pourtant, depuis dix ans que dure ce que les médias nomment l'« affaire Air Cocaïne », la police et la justice françaises sont convaincues que je participe à un trafic de stupéfiants orchestré à l'échelle mondiale par le biais de la compagnie aérienne dont j'étais le P.-D.G. Une décennie ponctuée de douze mois de préventive, cinq mois d'incarcération, d'interrogatoires à charge et particulièrement musclés, de jugements ubuesques rendus au fil d'une procédure rocambolesque. C'est bien connu, la justice possède ce luxe et ce privilège dont elle seule jouit : le temps. Ce n'est pas un marathon qu'elle vous fait courir, c'est un ultratrail dantesque jonché de pièges, d'obstacles et de coups tordus dont vous ne voyez pas le bout. Une torture psychologique qui sévit le matin au réveil (quand la nuit n'a pas été blanche), surgit sans prévenir dans la journée, vous accompagne au coucher et jusque dans vos rêves – des cauchemars, en l'occurrence. Constamment ce mot qui résonne dans le crâne et fait bouillir le sang : « injustice ».

Ce que vous allez lire ici n'est pas la contre-enquête d'un maelström judiciaire que mes avocats eux-mêmes peinent à comprendre, ni la reconstitution d'un procès au long cours qui n'a pas encore trouvé son épilogue. À l'heure où j'écris, mon pourvoi en cassation a été rejeté de manière lapidaire, exécuté à la va-vite tel un vulgaire dossier posé sur un coin de bureau, comme s'ils avaient voulu s'en débarrasser. Mais je m'apprête à saisir la Cour européenne des droits de l'homme. Je suis donc toujours présumé coupable d'« importation de stupéfiants en bande organisée », condamné par la cour d'assises d'appel des Bouches-du-Rhône, en juillet 2021, à six ans de prison et à une amende douanière de 2 millions d'euros.

Ce que vous allez lire ici n'est pas la vie d'un voyou, ni le parcours d'un être d'exception. Non. Ce livre, c'est le récit d'un homme sans histoires, injustement jeté dans 9 m^2 partagés avec un ou deux détenus – lit et armoires décatis, réfrigérateur en fin de vie et WC crasses compris. Spoiler : les geôles VIP tout confort et les passe-droits accordés aux soi-disant nantis, c'est du pur fantasme, cela n'existe pas. La prison, c'est trois douches par semaine et six heures hors cellule par jour (une pendant le Covid), même tarif pour tout le monde. C'est aussi, à chaque fois, un premier mois sans contact avec votre famille (zéro visite, pas de téléphone). Une machine à broyer les hommes et les âmes. Et ceux, nombreux, qui s'imaginent que la vie de taulard nourri logé, planté devant la télé, n'est finalement pas si terrible, je les mets au défi de vivre en rationnant ces denrées simples mais rares en prison que sont le café, le sucre ou le savon. Vous lirez, vous verrez… Un confinement, à côté, c'est des vacances au paradis.

Ce livre est le témoignage d'un père de famille qui a vu son existence paisible, aisée, voler en éclats et qui tente, malgré cette épée de Damoclès au-dessus de sa tête (la condamnation définitive), de se reconstruire et de profiter des joies simples de la vie – j'élève aujourd'hui des chevaux dans le haras familial de Saint-Estève-Janson, près d'Aix-en-Provence. C'est enfin, et surtout, la vérité d'un patron de PME qui clame son innocence depuis trop longtemps et qui a soif de justice. La vérité d'un non-coupable qui a besoin de révéler au grand jour les âneries et les incohérences du système judiciaire. Depuis 2013, j'essaie tant bien que mal de rester debout face à ce rouleau compresseur dont les acteurs s'acharnent en majorité à démontrer ma culpabilité et ne cherchent pas à analyser, à comprendre, et encore moins à rendre justice ; se contentant de leur perception du droit, de leur interprétation des faits, et considérant que puisque je suis face à eux, dans le box, pas de doute, je suis forcément coupable.

On dit souvent qu'il n'y a pas de fumée sans feu, que quand il y a un doute, c'est qu'il n'y en a pas, justement. Des adages qui font des ravages car ils alimentent la rumeur et font le jeu de ceux qui rêvent de vous voir moisir en prison. Ce doute, ma famille et mes amis ne l'ont jamais eu. Une chance extraordinaire, car le tunnel serait encore plus long sans eux. Ce livre, c'est aussi pour les remercier, du fond du cœur. Certains d'entre eux me disent parfois de « lâcher l'affaire », de me plier à ce qui pourrait ressembler à un arrangement proposé par la justice. Pas à un paradoxe près et à bien des égards emberlificotée dans ses propres contradictions, vous allez le voir, cette dernière me propose d'aménager ma peine de prison et de me laisser libre… à condition que j'admette ma culpabilité. Je ne m'y résoudrai jamais. Jamais. Je suis innocent. Je suis dans une guerre, qui me pèse et dont le tribut est lourd, mais je ne lâcherai pas. Question de principe. Et surtout d'honneur.

CHAPITRE 1

UNE BELLE VIE FOUTUE EN L'AIR

Ma vie bascule le mercredi 20 mars 2013, à 13 heures. Depuis ce matin, nous sommes sans nouvelles du Falcon 50 F GXMC qui aurait dû décoller la nuit dernière de Punta Cana, République dominicaine, en direction de l'aéroport international Golfe-Saint-Tropez, surnommé « La Môle ». Les reports de vol sont fréquents dans l'aviation d'affaires ; décaler l'horaire d'un départ à la guise du client et de son emploi du temps est même son principal avantage, en plus du confort qu'offre ce type de voyage en jet. D'ordinaire, en pareil cas de figure, les pilotes préviennent immédiatement de tout changement de programme. Un nouveau plan de vol est établi, le personnel s'organise. Avec le décalage horaire, les infos sont reçues et traitées à contretemps. Mais elles arrivent… C'est le quotidien des employés. La routine. Et le genre d'aléa tout à fait anodin, et parfaitement géré, qui ne remonte jamais aux oreilles du P.-D.G. que je suis. Cette fois, silence radio depuis de (trop) longues heures. Les pilotes sont injoignables, leurs téléphones, sur répondeur. Bizarre. Plus intrigué qu'inquiet, un employé de notre prestataire chargé de l'organisation et de l'intendance des trajets – rédaction des plans de vol, demandes d'autorisation, service de restauration… – m'a alerté de la situation dans la matinée. J'ai passé quelques coups de fil à mon tour. En vain.

Je suis donc au restaurant, à Lyon, quand ce même employé m'apprend l'impensable : dans la nuit, à l'aéroport international de Punta Cana, les autorités locales disent avoir saisi 680 kg de cocaïne à bord de l'appareil. Nos deux pilotes français, le commandant Bruno Odos et son copilote Pascal Fauret, ainsi que les deux passagers, sont sous les verrous. Je le lui fais répéter. Je ne comprends rien à ce charabia. « Des kilos de quoi ? De cocaïne ? Mes pilotes ? En prison ? » Je raccroche. Je suis blême, KO debout. Je file à ma voiture. Je pense à Bruno, mon ami, mon ancien copilote, mon binôme, en l'air comme au sol. Nous sommes deux bons vivants, cul et chemise. Bruno, derrière les barreaux… Quelle horreur. Je serre le volant de ma BMW Série 5 Touring et roule vers mon bureau, persuadé qu'il y a erreur. Il y a forcément erreur ! Je ne le sais pas encore, mais je fonce vers un enfer sans nom… Bientôt, mon iPhone sonnera tous les quarts d'heure, la presse locale et nationale titrera à la une sur l'« affaire Air Cocaïne », la police m'interrogera, une juge d'instruction s'acharnera, la justice me condamnera. Je ne dormirai plus jamais du sommeil du juste. Demain, ma vie va exploser. En mille morceaux. Ainsi commence ma chute, terrible, mais moins douloureuse que l'atterrissage, injuste. Et de là montent en moi les prémices d'un sentiment qui m'était inconnu : la haine.

Jusqu'ici, tout allait bien…

* * *

Je suis donc Pierre-Marc Dreyfus, né à la clinique Sainte-Marguerite de Lyon, le vendredi 1er janvier 1965. Ma mère a dansé jusqu'au bout de la nuit de la Saint-Sylvestre. Le yé-yé avant le yoyo : dans un peu moins de vingt ans, j'annoncerai à Martine et Charles, que tout le monde appelle « Freddy », mon envie de devenir pilote d'avion. Pas du tout dans la tradition familiale…

Chez les Dreyfus, on a la fibre entrepreneuriale. Dans le textile. Avant la Seconde Guerre mondiale, la famille possède plusieurs usines de filature en Alsace, près de Mulhouse. Les affaires marchent très bien. Cette belle vie est bouleversée par l'invasion allemande et la chasse aux Juifs. Mes aïeux fuient la France en 1943, direction la Suisse. Ric-rac. Ma grand-mère et ses quatre enfants d'alors prennent en effet le tout dernier train pour Genève avant la fermeture des frontières. Mon grand-père et sa mère, eux, voyagent en fraude par la montagne. Ils passent la nuit à Lons-le-Saunier, en plein cœur du Jura, dans une chambre occupée le lendemain par… un gradé de la Wehrmacht. La vie et le destin tiennent à très peu de chose…

La Suisse accueille les réfugiés mais ne leur donne pas le droit de travailler. Et encore moins de faire des affaires. Ma famille, heureusement au complet, vit de ses économies, qui s'amenuisent au fil des mois. Mes grands-parents tiennent le coup jusqu'à la Libération, puis s'installent à Lyon, où ils redémarrent de zéro puis prospèrent de nouveau, très vite. Même filière, même réussite. Je me souviens encore de leur superbe demeure de la banlieue lyonnaise. Ce train de vie aisé mais sans ostentation vacille au milieu des années 1970, avec le déclin de l'industrie textile et la fin des Trente Glorieuses. Le climat social est mouvementé. Lourd. Changement d'époque. Les grèves succèdent aux revendications que l'inquiétude et la colère engendrent. Les ouvriers de l'usine familiale de Barbières, à deux heures au sud de la ville, vont occuper les ateliers et les entrepôts pendant dix-huit mois. Blocage général. Mon père, désormais directeur, qui a grandi auprès de ces salariés et connaît leur famille, ne parvient pas à les convaincre de reprendre le travail. Il prévient : « On risque la fermeture ! » Vrai. L'entreprise dépose le bilan en 1976, faute d'activité et donc de production. Jusqu'au-boutistes, les leaders de la CGT ont convaincu les grévistes que les Dreyfus sont des milliardaires, qu'ils possèdent largement de quoi sauver la situation. « Évidemment, avec un patronyme pareil ! » Vieux cliché antisémite… L'ironie de l'histoire, que les syndicalistes ne connaissent pas, c'est que ma famille est convertie au catholicisme depuis le début de l'après-guerre, sous l'« influence » d'un grand-oncle polytechnicien qui a rejoint les Dominicains – un homme brillant et érudit qui a participé à la rédaction de la Nouvelle Bible.

Mon nom de famille m'a souvent joué des tours. Je me suis très régulièrement fait traiter du « sale Juif » que je n'étais pas. Sans trop en souffrir. Sauf une fois, la première, au CM1. « Sale youpin », me balance un camarade dans la cour de récréation. Je lui mets un taquet, comprenant que c'est une insulte. Le soir, je fonds en larmes devant mon grand-père :

— On m'a traité de “sale youpin” aujourd'hui à l'école.

— N'écoute pas, tu t'en fiches. Et ce n'est pas si grave…

— Si, parce que je ne sais pas ce que ça veut dire !!!

Il a ri. Et moi aussi, quand j'y repense…

Je connais malheureusement très peu ce grand-père chef d'entreprise fort occupé, décédé lorsque j'avais 14 ans. J'ai en revanche beaucoup de souvenirs avec mon grand-père maternel, la famille Vidal, à qui je dois la grande passion de ma vie : les chevaux. Il passe le plus clair de son temps au haras acheté par son père, un ancien pilote de Formule 1 de l'écurie Bugatti, où je vis et occupe mes journées, désormais. Mon grand-père me pose sur une selle à l'âge de 4 ans. À 7 ans, je monte seul. J'adore ça. À toutes les vacances, je le tanne pour partir en balade, dès le matin. J'ai le « virus ». Très bonne maladie !

En 1978, mon père est recruté par un grand groupe de textile pour diriger une filature de 350 employés à... Douala, au Cameroun. Mes parents délèguent leur société d'import-export de vêtements à un oncle. On s'installe en Afrique en septembre. On y restera cinq ans. Des années extraordinaires. Parfois rudes, sous ce climat équatorial. Mais les pluies, la chaleur, les moustiques et la privation de certains plaisirs européens ne nous empêchent pas de vivre à fond cette expérience, cette école de vie, de découvertes, de sensations... C'est là-bas que naît mon deuxième dada : l'aviation.

Un ami de mes parents, ancien pilote de l'armée de l'air française devenu commandant de bord de Cameroon Airlines, vient déjeuner chaque semaine à la maison avant des virées en bateau dans le golfe de Guinée. À table ou à bord, je bois le récit de ses voyages et de ses périples. Ce n'est pas le même coup de foudre qu'avec l'équitation, mais petit à petit, mon imaginaire d'adolescent me fait faire le tour du monde aux commandes d'un avion. L'idée germe sérieusement dans mon esprit. Le bac en poche, et de retour en France, j'hésite quand même sur le sens professionnel à donner à mon existence : équitation ou aviation ? Mon cœur balance, puis je tranche, jeune mais déjà pragmatique : « Commence par les avions, tu pourras toujours travailler auprès des chevaux ensuite… L'inverse, c'est plus compliqué. » Va pour les coucous.

Quand tu es bon élève, tu deviens pilote après avoir fait l'Enac (l'École nationale de l'aviation civile), à Toulouse. Quand tu es mauvais, comme moi, tu t'inscris dans un établissement privé… Je fais donc mes études à l'Institut aéronautique Amaury-de-la-Grange, près d'Hazebrouck, dans le Nord. À 23 ans, je suis pilote. Puis je passe par toutes les étapes et les fonctions qui font la carrière :

commandant de bord, chef pilote, instructeur, examinateur... Mais surtout, *via* l'aviation d'affaires et privée vers laquelle je bifurque très tôt, arrive ce qui selon moi fait le sel d'une vie professionnelle, et même de la vie tout court, quelle qu'elle soit : des rencontres ! D'incroyables et belles rencontres. Elles durent le temps d'une poignée de main, d'un « bonjour » ou d'un bref échange ; le temps d'un vol ou d'une escale. Peu importe. Elles sont toutes fortes, denses, uniques. Riches. Tout comme le sont, au sens propre, les clients que je « fais voler », comme on dit dans le jargon. Soyons clairs. Et n'y allons pas par quatre chemins : les personnes qui peuvent s'offrir un Paris-Francfort, Londres, Turin ou Marrakech, pour 15 000 ou 20 000 euros l'aller sont « fatalement » des privilégiées. À l'arrière de mon cockpit s'assoient donc des P. D.G., des hommes politiques, des artistes, des sportifs. Des stars dont je lis l'actualité dans *Paris-Match*, *Voici*, *Challenges*, *Le Figaro magazine*, *GQ* ou *L'Équipe*. Mes passagers sont en couverture de la presse dont ils disposent gratuitement à bord. Pêle-mêle et j'en oublie sans doute : Alain Prost, Didier Deschamps, Zinedine Zidane. Johnny Hallyday, Gérard Depardieu. Jean-Michel Aulas, président de l'Olympique lyonnais.

Jean-Claude Darmon, le « grand argentier du foot français ». Christophe de Margerie, P.-D.G. de Total. Pierre Bilger, patron d'Alstom. Du beau linge. Mais aussi fortunés, célèbres et prestigieux soient-ils, et aussi casse-bonbons soit la cohorte de leurs collaborateurs zélés (ce sont eux les pires), j'applique la même méthode : distance de bon aloi, politesse, discrétion, malléabilité, efficience. En retour, je n'exige qu'une chose, égale à la rigueur que je m'impose : le respect dû à ma fonction. Je ne suis pas un chauffeur de berline à qui l'on indique son parcours préféré, ni un sous-fifre à qui l'on ordonne de décoller prestement. Je suis le commandant, le seul maître à bord. Le patron, avec quatre galons sur l'uniforme. Cette droiture et cette fermeté diplomate sont ma marque de fabrique. Qui me réussit. Et puis je suis marié. Papa. Heureux. Tout va bien.

Au début des années 1990, j'ai rejoint THS, Trans hélicoptère services, une compagnie de voyages d'affaires détenue par un cousin germain de mon père. J'y gravis les échelons, mais je finis par ne plus me sentir à mon aise dans mon costume de chef pilote, consistant à manager le personnel en l'air. Le patron paternaliste fonctionne à l'ancienne. Il ne délègue rien, interfère dans certaines de mes décisions, use de vieilles méthodes, efficaces à une époque mais désormais dépassées. Je lui propose d'élargir mon rôle, de devenir associé. Faute d'avoir trouvé un terrain d'entente, je quitte THS en 2006 et crée ma propre société, Aero Jet Corporate, spécialisée dans la gestion, la location et le pilotage d'avions privés. Je ne suis pas un homme de réseau. Mais mon carnet d'adresses est suffisamment garni pour faire tourner la boutique. Mes clients sont notamment ceux que j'ai fait voler par le passé et avec qui j'ai noué un lien privilégié. Ils s'appellent Alain Afflelou ou encore Pierre Elmalek, président fondateur de la Maison de la literie. Cet homme est un exemple pour moi : bosseur, sympathique et humainement accessible malgré sa grande réussite. Il me donne même de précieux conseils pour mener ma barque. Je peux aussi compter sur Gérard Bourgoin, patron de Duc, l'empire de la volaille. Lui-même (excellent) pilote, il me fait bonne presse. Je l'ai rencontré quelques années plus tôt, quand il a eu besoin de proroger ses autorisations de vol. À l'époque, aucun autre examinateur ne veut se frotter à son gros caractère. Tout le monde flippe et personne n'accepte de voler avec lui. Pas moi. Parce qu'on se connaît un peu et que j'aime son « sens de l'air », son style de pilotage pas forcément protocolaire mais fluide, inspiré, plein de feeling. Et parce que c'est un type formidable. Un jour, au cœur de ma tempête judiciaire, Gérard Bourgoin m'appelle et me dit : « Pierre-Marc, s'il est utile que je témoigne au procès pour confirmer que tu es un pilote, un chef d'entreprise, et pas un margoulin ou un trafiquant, je serai là, compte sur moi ! » Eh bien vous savez quoi ? Il a tenu parole. À l'été 2021, lors du procès en appel, ce monsieur de 82 ans a pris sa voiture et fait 1 200 kilomètres aller-retour depuis Chailley, près d'Auxerre, pour dire à la cour tout le bien qu'il pensait de moi…

Fort de cette clientèle premium qui vante mes mérites et peut-être aussi parce que je bosse de 5 heures à minuit, Aero Jet vit bien.

En 2010, ce que je pressens depuis cinq ans arrive, hélas. La moribonde THS va déposer le bilan. Une poignée d'employés, d'anciens collègues, me contactent : « Pierre-Marc, rachète-la ! Tu sauras la dépoussiérer, la faire tourner. » Olivier Ginon, patron du géant de l'événementiel GL Events, m'y incite aussi. Nos deux familles se connaissent de longue date. C'est un grand usager de l'aviation d'affaires, un secteur porteur. Et il a confié à sa sœur l'organisation du Saut Hermès et du concours hippique de Lyon, où l'on se retrouve parfois. « Je t'aiderai. » Je réfléchis. Je bosse le dossier. Je me lance. En 2011, je rachète THS – qui devient SN-THS, le préfixe « société nouvelle » étant d'office attribué à toute boîte reprise après son passage par le tribunal de commerce. Je n'ai qu'une condition : que Fabrice Alcaud soit de l'aventure et devienne mon associé. Je suis persuadé de l'efficacité de cet attelage, car nos profils sont complémentaires. Passé par plusieurs compagnies aériennes, Fabrice possède un excellent réseau dans le milieu des affaires et parmi les « grands de ce monde ». Il sait faire tourner le bouche-à-oreille, il abat beaucoup de travail et recrute de prestigieux clients grâce à son entregent, son excellente réputation et sa facilité à nager comme un poisson dans l'eau dans les pince-fesses parisiens. Tout mon contraire. Moi, je possède quelques contacts de renom mais je reste fondamentalement un besogneux au bon sens paysan, un gestionnaire de l'ombre qui fuit le *bling-bling* et les mondanités, préférant la reconnaissance du travail plutôt que celle de la haute société. Je suis le « p'tit Lyonnais » qui vient bosser à la capitale la semaine et rejoint aussi vite que possible sa famille, sa campagne et ses chevaux quand arrive le week-end. Pour mon grand bonheur, je reviens même travailler à Lyon afin de gérer notre clientèle locale, moins célèbre mais tout aussi précieuse, et superviser le bon fonctionnement de notre atelier de Bron, en banlieue sud-est. Au Bourget, SN-THS devient très vite « la p'tite boîte qui monte, qui monte », notamment depuis que Martin, fils de mon cousin germain, notre commercial hyperactif, « décroche » le producteur télé et entrepreneur Stéphane Courbit, qui lui-même nous recommande à un intime : un certain Nicolas Sarkozy. En mars 2013, nous faisons 500 000 euros de chiffre d'affaires par mois, la banque HSBC vient de nous proposer un prêt de 2 millions pour nous permettre de construire de nouveaux locaux sur le site rhodanien, notamment 2 000 m^2 dans lesquels nous accueillerons plus d'avions, donc plus de clients, plus de rotations. Et puis les comptes sont sains. Il ne faut pas s'endormir sur nos lauriers et cravacher dur mais les perspectives sont belles. À 48 ans, j'envisage déjà de former mon fils aîné, et de l'accompagner pour qu'il prenne doucement la relève. Je vais pouvoir lever le pied et me consacrer à l'autre partie de ma vie. À mon rêve de gamin. Ce n'est malheureusement pas dans le box de mes chevaux que mon existence va s'étirer. Mais dans celui des accusés…

CHAPITRE 2

« AIR COCAÏNE », UNE AFFAIRE (TRÈS) COMPLEXE

L'affaire Air Cocaïne est un imbroglio tentaculaire, une hydre de Lerne comme l'histoire judiciaire en compte peu. Coupez-lui une tête, il en repousse une autre. Une sale bestiole. C'est un méandre kafkaïen dont j'ai moi-même bien souvent du mal à raconter les tenants et les aboutissants à un curieux qui m'interroge, à moins qu'il n'ait trois jours et deux nuits devant lui – et encore, ce ne serait pas assez. Le dossier judiciaire comporte pas moins de 88 000 pages. Compliqué de se l'imaginer, n'est-ce pas ? J'ai fait le calcul, cela représente 450 kg de paperasse, environ 26 kilomètres de feuilles A4 mises bout à bout – soit six fois la plus longue des pistes d'atterrissage de l'aéroport Roissy-Charles-de-Gaulle !

Concrètement, d'abord, l'affaire tout entière concerne non pas un, mais trois vols (du même avion, le Falcon 50) jugés suspects : un premier en décembre 2012 entre Puerto Plata, en République dominicaine, et l'aéroport international Golfe-Saint-Tropez ; un deuxième fin février 2013 entre Quito (Équateur) et la France ; et enfin celui de mars 2013, entre Punta Cana et Saint-Tropez. Dans les médias, « Air Cocaïne » est toujours seulement résumée à ce dernier voyage en provenance de Punta Cana, et à ces 680 kg de cocaïne saisis à bord de notre appareil. C'est le volet saisissant et spectaculaire de cette saga judiciaire. Celui qui fait parler, qui fait vendre du papier. C'est surtout le gros morceau de l'histoire pour laquelle la justice m'accuse… de rien ! Je répète : de rien. La justice française, n'ayant pas osé mettre son nez dans le bourbier du volet dominicain de l'affaire (le troisième vol), s'acharne depuis dix ans sur le tout premier vol (et donc sur moi) qui aurait lui aussi transporté de la cocaïne ; un convoi de 400 kg. J'emploie volontairement le conditionnel car de cette supposée cargaison, il n'existe absolument aucune preuve.

C'est l'élément le plus fou parmi les bizarreries dont regorge cette affaire, et toutes les zones d'ombre qui planent sur elle : la drogue, la principale cause de cette histoire, en est aussi la grande absente, côté français ! Ce n'est ni mon intuition, ni une opinion, ni un éventuel élément de défense, mais un fait : il n'existe aucune preuve concrète d'une saisie matérielle, aucune photo n'atteste du moindre gramme de cocaïne dans les valises interceptées sur ce vol-là. Les douanes, les stups ou la police sont d'ordinaire très fiers d'exposer de tels butins aux médias, au public, images à l'appui. Là, rien de tout ça. Parce qu'ils n'ont en vérité rien à montrer…

Mais alors, me direz-vous, qu'est-ce que mon nom vient faire là-dedans ? Qu'a-t-il bien pu se passer pour que j'en arrive là ? Comment des enquêteurs, diligentés par une juge d'instruction, ont-ils pu acquérir la certitude que je suis à la tête d'un réseau mondial de trafiquants ?

Avant de vous raconter mes déboires, « mon histoire dans l'histoire », voici comment est née, et a été gonflée, la rocambolesque affaire Air Cocaïne. Le meilleur des scénaristes n'aurait pu l'imaginer. Et ce n'est malheureusement pas une fiction…

* * *

Tout commence à l'été 2012. Lors d'une soirée sur la Côte d'Azur, un certain Frank Colin, 41 ans, rencontre Alain Castany, un pilote de jet privé expérimenté de 66 ans, bien connu du Bourget, centre névralgique de l'aviation privée et d'affaires où il a pignon sur rue. Colin a l'habitude des nuits tropéziennes. Ce genre de soirées, il les fréquente depuis son adolescence. Il y a servi en tant que physionomiste à l'entrée de boîtes de nuit de la Côte. C'est un gosse des quartiers populaires de Toulon, qu'il a quittés pour gravir les échelons dans la sécurité rapprochée de personnalités avant de s'installer en Roumanie et d'investir dans l'immobilier où il a fait fortune. Il est un coutumier des personnages sulfureux et des milieux interlopes, du *bling-bling* et de l'ostentation. Alors, pour en imposer à ce petit monde, en mettre plein la vue et s'offrir un luxe que peu s'autorisent, quelques mois après sa rencontre avec Castany, il embarque toute sa petite famille installée en Roumanie dans un jet privé pour des vacances, direction Saint-Tropez : un appareil piloté par Alain Castany, qui fait bonne impression auprès de son client. Satisfait du service, c'est tout naturellement que l'homme d'affaires revient à l'automne 2012 vers Castany, le sollicitant cette fois pour un vol transatlantique vers la République dominicaine. Mais ce dernier ne dispose pas d'un permis pour Falcon 50, nécessaire pour une pareille traversée. Alors il contacte Fabrice Alcaud, mon associé. Ils se connaissent bien, ont des clients en commun. Fabrice a confiance en lui. Ils ont déjà travaillé ensemble par le passé. Il répond donc favorablement à sa demande. Pour la première fois, la SN-THS va transporter des clients vers les Caraïbes. Un vol pas franchement nécessaire à notre santé financière, mais cela nous ouvrait un nouveau secteur géographique, les Amériques du Nord et du Sud. La SN-THS a vu le jour un an plus tôt. Tout est bon à prendre. Notre société exploite les avions de propriétaires qui, quand ils ne s'en servent pas, les mettent en location. Nous mettons l'appareil en circulation, moyennant un pourcentage reversé à son possesseur. Et parmi ces avions, il y a celui d'Alain Afflelou, un Falcon 50 sorti des usines Dassault en 1989. Celui-là même qui fait voyager notre nouvelle clientèle VIP, celui-là même que Castany requiert pour son client.

Castany est un ancien assureur, investisseur, passé par le boursicotage. On ne le sait pas à cette époque, avant le déclenchement de l'affaire, et il s'est bien gardé d'en parler, mais il a déjà eu des soucis avec la justice, condamné en 2002 dans une affaire de non-reversement de cotisations de la Fédération française de vol libre à la compagnie d'assurances Axa. Une arnaque à 3,7 millions d'euros dont j'ignorais tout. Plus tôt, dans les années 1990, alors gérant d'une société de négoce d'avions, il joue les entremetteurs dans la vente de quelques appareils sud-américains. Malgré une enquête policière poussée, rien ne prouve que Castany ait vendu des avions à des cartels. Ni qu'il ferraille dans ce milieu-là. Connu pour son pilotage peu académique, il a la réputation d'accepter les vols que les autres refusent. Si celle-ci le précède, pour Fabrice, Castany est un bon contact de plus dans notre carnet d'adresses naissant, un pilote privé qui connaît du beau monde et qui a, pendant plusieurs mois, été directeur d'une société chargée d'exploiter l'avion personnel d'Alexandre Balkany, le fils de l'ancien maire de Levallois. Habitué de l'aviation d'affaires, Castany joue aussi très souvent, et depuis de nombreuses années, les apporteurs d'affaires (on appelle ça un *broker* dans le milieu), faisant l'entremise entre clients en quête de services haut de gamme et sociétés d'aviation privée. Les prestations que nous proposons sont celles que Colin recherche. SN-THS est donc mis en relation avec lui par l'intermédiaire de Castany, ce dont je ne sais rien, ne passant pas derrière chaque discussion, chaque rencontre, chaque contrat. À chacun son job : le mien est de gérer les affaires courantes de la société depuis Bron, près de Lyon ; celui de Fabrice est de faire fructifier son réseau pour attirer de nouveaux clients. Il me propose un point régulièrement, évidemment, mais je ne sais pas tout.

Pour sceller ce partenariat, une réunion tout ce qu'il y a de plus classique est organisée rapidement entre les deux parties : d'un côté le commanditaire du vol, Frank Colin, flanqué de son bras droit, Nicolas Pisapia ; et de l'autre Fabrice Alcaud, accompagné de Pascal Fauret, le copilote pour ce vol. Enfin, Alain Castany, pour son rôle d'apporteur d'affaires, est également présent ce jour-là, à Paris. Durant cette réunion technique, personne ne parle d'argent. Comme d'ordinaire quand il s'agit de vols aussi longs, les cinq hommes discutent de la procédure habituelle – conditions de la traversée, temps de vol, éventuelles escales, démarches réglementaires – pour un premier vol aller prévu le 5 décembre entre Le Bourget et Puerto Plata, en République dominicaine.

Au vu de la durée du voyage, pour cet avion-là, une escale technique aux Açores est indispensable. Quant au retour, le 9 décembre 2012, il conduira l'équipage et ses clients depuis Puerto Plata jusqu'à l'aéroport Golfe-Saint-Tropez, *via* une escale aux Açores.

Ce petit aéroport, coincé dans les montagnes de l'arrière-pays varois, est un splendide décor de films. Ne disposant d'aucune assistance électronique au sol, les pilotes doivent compter sur leur adresse, une bonne visibilité et les meilleures conditions météorologiques possibles pour atterrir de manière optimale. Pas le terrain idéal pour faire atterrir un Falcon 50 car en cas de pluie ou de vent, comme ce jour-là, on ne peut pas s'y poser. Et pas non plus la meilleure piste, courte et qui oblige à faire demi-tour au redécollage, pour manigancer une livraison de stupéfiants. Cela reviendrait à vouloir faire un *go fast* dans une impasse… N'importe quel expert en aéronautique le dirait (et je l'ai plus tard expliqué à la juge d'instruction qui n'en a évidemment pas tenu compte) : il faut être le dernier des crétins pour planifier une opération de ce genre dans un cadre aussi casse-cou et comprenant de si nombreux dangers. À moins de s'appeler Barry Seal, ce célèbre pilote d'avion trafiquant de drogue des années 1970 et 1980 joué par Tom Cruise sur grand écran en 2017, et d'être un virtuose des atterrissages et décollages à risques. Ce que personne n'est chez SN-THS...

La Môle, c'est aussi un aéroport qu'a l'habitude de fréquenter un nouvel acteur de l'intrigue : François-Xavier Manchet, un douanier de 51 ans officiant au port de commerce de Toulon, qui traîne si souvent à La Môle, ne disposant pas de poste de douane à demeure (c'est seulement le cas d'une trentaine d'aéroports sur les 300 que compte le sol français), qu'on le surnomme « le directeur ». Il connaît Frank Colin depuis environ trente ans. Après s'être perdus de vue pendant vingt ans, ces deux-là se sont retrouvés par hasard en 2006. Et ce dimanche 9 décembre 2012, Manchet scrute le tarmac et ses alentours avec attention : il est chargé par Colin de surveiller le déchargement du Falcon 50 en provenance de la République dominicaine. Présent avant tout le monde, Manchet, accoudé au bar de l'aéroport, est rejoint par trois hommes, dont Frank Colin, venu accueillir le passager, et Daryan, identifié plus tard par la gendarmerie comme étant Ali Bouchareb, ce que nie l'intéressé que Colin a disculpé. Mais Ali est encore en prison à ce jour...

Tout le monde se salue et les trois individus montent dans deux grosses cylindrées qu'ils vont charger de dix lourdes valises. Certes, les agents de service ont l'habitude de voir des choses étonnantes sur la piste, mais le spectacle auquel ils assistent ce jour-là ne manque pas de les interpeller, tout comme l'attitude du douanier toulonnais, qui a tendance à un peu trop s'épancher.

Le contenu réel de ces valises reste un mystère. Transportaient-elles vraiment de la cocaïne ? Dans le documentaire *Air Cocaïne* diffusé en mars 2023 sur Canal +, Frank Colin laisse sous-entendre que oui, sans l'affirmer clairement. Une posture ambigüe et pour le moins étrange. Car selon ses dires lors du procès en appel de juin 2021, appelé à la barre en tant que témoin, ce premier vol, « c'était un vol test avec des valises pleines de terre ». Cela est crédible puisque nos deux pilotes se souviennent de valises bas de gamme, très lourdes et boueuses. Mais comme c'est la règle dans l'aviation d'affaires, ils n'ont rien demandé et pas émis la moindre remarque auprès de Pisapia ou Colin sur le contenu des bagages. A-t-on déjà vu un chauffeur de taxi fouiller le sac de son client une fois arrivé à destination ? Ce qu'ils ont fait en revanche, c'est m'alerter sur leurs inquiétudes après ce premier vol. Des valises en grand nombre. Mais cela arrive très fréquemment dans le milieu. Dans mon passé de pilote, il m'est même arrivé de ne faire voyager que des sacs et des valises – oui, ce type d'aviation est un monde surprenant dont peu de gens peuvent saisir la réalité…

Un agent de l'aéroport est monté à bord pour dire aux pilotes : « Je ne sais pas qui vous transportez mais ce doit être quelqu'un d'important car le "directeur" des douanes est là. » C'est le fameux Manchet, dont je précise là encore que je ne le connais ni d'Ève ni d'Adam à l'époque des faits. Je rappelle la règle à Bruno et Pascal : tout bagage doit passer par le filtre. Et si les douanes sont présentes mais ne sont pas intervenues, pas d'inquiétude.

Après ce rapide déchargement test, selon Manchet, la fine équipe se serait rendue dans la baie de Bandol, descendant précisément à La Farandole, luxueux hôtel de Sanary-sur-Mer où Colin, Pisapia et Daryan auraient passé la nuit à faire la fête. Les gendarmes découvriront par la suite que Frank Colin a profité de ce moment pour faire remplir à Manchet un formulaire de douane mentionnant l'entrée sur le territoire de 500 000 euros en cash, en provenance de Roumanie et fruits d'investissements immobiliers. Des faits que Manchet peinera à expliquer. Ce faux vol test a-t-il servi de diversion ? On ne le saura jamais.

Si l'interpellation des occupants du Falcon 50 ce jour-là aurait pu donner lieu à une scène loufoque (imaginez des douaniers convaincus de saisir de la coke pour ne finalement découvrir que des kilos de… terre), il n'en reste pas moins que ce premier vol, et le déchargement de ces dix valises pour un seul passager rapidement transférées dans des mini-vans par des hommes pressés, n'est pas passé inaperçu. Ce vol, cet avion, notre société, intriguent. L'info remonte en haut lieu. La preuve : quarante-huit heures plus tard, le 11 décembre, le Falcon 50 utilisé ce jour-là par l'homme d'affaires et conseiller politique Alain Minc pour un aller-retour express en Espagne est contrôlé par les douanes à son retour au Bourget. Pour quel motif ? « Autre », dit le document officiel. Tiens donc… Hasard ? Hum. Les deux douaniers font leur travail. Ne trouvent rien. Pas plus que le maître-chien et son animal, qui ne bronche pas. Or tous les experts sont formels : si de la cocaïne avait été présente à bord de l'appareil, même deux jours plus tôt et même après un nettoyage complet, ce chien l'aurait inévitablement détectée. Cet élément crucial aurait sans doute pu stopper net cette histoire. Or vous savez quoi ? Malgré le témoignage des deux pilotes et de l'hôtesse qui se souviennent de la présence de l'animal et ont été capables d'en identifier la race (un berger malinois), les douaniers nieront sa présence au procès. « On ne s'en souvient pas. » Il y a donc bel et bien quelque chose qui ne tourne pas rond du côté des douanes…

Une enquête préliminaire est ouverte début janvier 2013 par la gendarmerie. Le plan de vol, sa provenance ainsi que l'escale à Santa Maria, aux Açores, ont fait tiquer les enquêteurs. La République dominicaine est une plaque tournante du trafic de cocaïne et faire un arrêt pour brouiller la provenance de la marchandise est une pratique courante chez les trafiquants internationaux. C'est le point de vue des enquêteurs. Précisons que l'escale est obligatoire pour des questions d'autonomie et de carburant. À moins que faire le plein devienne douteux… Et selon moi, une halte augmente le nombre d'occasions de se faire contrôler. Si nos pilotes avaient été dans le coup, ils l'auraient donc signalé aux commanditaires… Toujours est-il que nos téléphones sont placés sur écoute. Nous n'en savons encore rien, mais les gendarmes sont sur le qui-vive et la nature de nos échanges avec Pascal est mal perçue. Et volontairement mal interprétée, comme pour mieux enquêter à charge ? Pas difficile de deviner ce que j'en pense…

Quand Bruno Odos, en sa qualité de commandant de bord, appelle le directeur de l'aéroport pour connaître la date de réouverture de la piste, fermée pour des problèmes d'inondations, c'est pour planifier un deuxième vol à la demande de notre client. Pour la gendarmerie, c'est l'opportunité d'en savoir plus sur la nature de ces trajets et les intentions des occupants de l'appareil. Le Falcon 50 est clairement dans le collimateur de la justice française. Initialement prévus autour du 15 février, les vols de ce deuxième aller-retour sont finalement fixés à la fin du mois. Pisapia part cette fois en Équateur, à Quito. Au retour, il fait un arrêt aux Antilles afin de récupérer Castany. L'atterrissage ne se fera pas à La Môle comme envisagé par les gendarmes, mais au Bourget, indice supplémentaire pour eux qui voient là un changement de dernière minute typique des trafics illicites.

De mon côté, pris d'un doute après le signalement des pilotes suite au premier vol, puis après avoir consulté la fiche passager de Pisapia dont – je le dis clairement – la tête ne me revient pas, je demande à Fabrice de contacter l'une de ses connaissances au sein de la DCRI (Direction centrale du renseignement intérieur) afin de vérifier qu'il est parfaitement clean.

Rien à signaler, répond l'Ocrtis (Office central pour la répression du trafic illicite de stupéfiants). L'organisme nous ment en réalité sur le compte de Pisapia, qui prétextera ensuite s'être rendu à Punta Cana « pour des affaires immobilières qui se sont révélées infructueuses ». Une démarche, doublée d'un mensonge, que les services de l'Ocrtis n'ont pas fait connaître à la juge d'instruction, et qui leur vaudra d'être dessaisis de l'enquête.

Alors qu'on pense avoir fait le nécessaire pour s'éviter des ennuis, à notre insu, tapies dans l'ombre, les autorités françaises nous guettent froidement : quand le Falcon 50 F-GXMC rentre tranquillement au Bourget, à vide, en provenance de Quito *via* les Açores (deuxième vol, donc) avec à son bord nos deux pilotes et les clients Nicolas Pisapia et Alain Castany, ceux-ci ne savent pas qu'un comité d'accueil les attend sur le tarmac. Les gendarmes chargés de l'affaire dans le Sud, qui avaient prévu une arrivée à Saint-Tropez, ont passé le relais à leurs collègues en poste au Bourget. En planque, ces derniers observent l'arrivée du Falcon et la descente des passagers puis suivent le taxi les conduisant à leurs hôtels respectifs. Les gendarmes ne relèvent ce jour-là rien de suspect et ne voient pas de motifs d'interpellation ou de contrôle dans les agissements des uns et des autres. Toutefois, après quelques recherches, le pedigree de Castany les convainc de poursuivre leurs investigations. Ils se disent qu'ils tiennent peut-être là un gros poisson…

Quelques jours après ce voyage, Colin commande un troisième trajet. Le plan de vol est à nouveau différent : Bruno et Pascal, accompagnés d'Alain Castany, partiront du Bourget le 17 mars en direction de Punta Cana *via* les Açores. Ils resteront deux heures à Punta Cana, le temps de récupérer Nicolas Pisapia, arrivé en République dominicaine la veille à bord d'un vol commercial en provenance de Bucarest. Une fois l'homme de Colin réceptionné, les quatre hommes doivent se rendre à Saint-Martin, d'où ils s'envoleront après deux jours de repos sur l'île. Castany en profitera quant à lui pour rendre visite à un vieil ami. Vu comme ça, on peut tout à fait imaginer que les deux individus se déplacent pour des affaires immobilières. Sauf que tout ne s'est pas passé comme prévu. Lors de l'escale à Santa Maria (aux Açores) sur le vol aller, Alain Castany est informé que le séjour à Saint-Martin est annulé. Nos pilotes prendront finalement leur repos à Punta Cana. On a vu pire, me direz-vous. Arrivé le dimanche dans la nuit, Bruno fait modifier le plan de vol dès le lundi 18 au matin. L'après-midi, Pascal et lui se rendent à l'aéroport pour préparer l'appareil, faire le plein de carburant, etc. À leur arrivée, l'avion a été déplacé. Mais ils ne s'en inquiètent pas : c'est chose courante selon le staff de l'aéroport. Le lendemain, en revanche, c'est avec une certaine surprise qu'ils constatent qu'il a de nouveau bougé : on l'a mis un peu à l'écart, près d'un grillage, sans leur accord…

Le voyage va prendre une tout autre tournure quelques heures plus tard. Tandis que Bruno est affairé à régler les derniers détails du vol auprès de Swissport, la société de handling qui s'occupe de la logistique aérienne pour le compte de la SN-THS, Alain Castany s'occupe d'aller récupérer Nicolas Pisapia dans le terminal de l'aéroport. Pascal reste donc seul dans le cockpit, attendant patiemment les passagers pour décoller. Soudain, un homme en tenue militaire vient lui demander d'ouvrir les soutes. Pensant à un contrôle, notre pilote s'exécute. Après un rapide coup de lampe de l'individu en uniforme, Pascal, qui s'apprête à refermer les portes, se voit intimer l'ordre de les laisser ouvertes. Sans plus d'information, il rejoint son poste de pilotage avant de sortir de nouveau après avoir entendu le ton monter. À l'arrière de l'appareil, il découvre des Dominicains en train de charger des valises dans la soute avec peu de soin. Pascal descend pour leur montrer comment s'y prendre puis remonte à bord travailler son plan de vol. Informé quelques instants plus tard que les soutes sont pleines alors qu'il reste des valises, il dit aux Dominicains de charger le surplus à bord. Sans rien demander à personne, c'est vrai. Mais encore une fois, rappelons-le : nos clients paient un service de discrétion, de rapidité, d'intimité. Se montrer intrusif, poser des questions ou demander à un membre d'équipage de contrôler les bagages serait tout à fait mal venu, contre-productif pour notre activité et, à coup sûr, ferait fuir le chaland pour de bon.

Pascal Fauret et Bruno Odos sont d'anciens militaires. Exécuter des procédures, des consignes, des ordres, des pratiques, c'est leur métier. Je n'ai jamais eu le moindre doute sur leur honnêteté, sur leur probité. Leurs nombreuses médailles, leurs récompenses et états de services respectifs parlent pour eux. Quant aux éloges de leur hiérarchie, ils attestent de leur comportement professionnel et de leur investissement. En clair, ce sont des gars dont le CV est remarquable et que rien ne rend suspects de trafic quelconque.

Lorsqu'ils sont interpellés à Punta Cana, il est un peu plus de 5 heures du matin en France. Nos pilotes ont été arrêtés en compagnie du passager et du *broker*. Les gendarmes français qui pensaient avoir ferré un gros poisson en la personne d'Alain Castany ne procéderont pas eux-mêmes au coup de filet. Ce sont en effet les services dominicains de la lutte contre le narcotrafic qui vont se charger de l'arrestation de Bruno, Pascal, Pisapia et Castany. Au cours de la nuit du 19 au 20 mars 2013, alors que l'avion s'apprête à décoller pour Santa Maria, dans une mise en scène moins spectaculaire que grotesque et une atmosphère de règlement de comptes au sein de l'état-major militaire et politique dominicain, 680 kg de cocaïne sont donc prétendument découverts à bord du Falcon 50. Encerclé à grand renfort de Jeep, d'hélicoptères et devant les caméras du service de communication de l'armée (plusieurs heures après l'arrestation), l'avion est fouillé. Il se dira aussi que la drogue a été conditionnée en sachets enroulés de café pour tromper l'odorat d'une éventuelle unité canine, et répartis dans vingt-six valises…

La police locale ne ménage pas ses suspects. Après de longues heures sur le tarmac, les quatre hommes sont incarcérés dans une geôle sordide des Caraïbes, traités comme de vulgaires trafiquants et promis à un procès totalement corrompu, tant la lutte contre le narcotrafic et sa répression sont un enjeu crucial dans cette partie du monde. Placés en détention provisoire, ils clament tous leur innocence et déposent des demandes de remise en liberté, qui seront examinées en juillet. Côté dominicain, des têtes tombent et quarante-sept douaniers, policiers, et autres officiels en tout genre sont mis en cause. En proie aux luttes intestines des administrations de l'île, nos pilotes se retrouvent au beau milieu d'une affaire où leur parole ne semble en aucun cas prise en compte. Pour la justice dominicaine – l'une des plus corrompues au monde dans l'une des Républiques les plus bananières qui puissent exister, et qui instruit le dossier à charge –, la sanction doit être exemplaire et l'opportunité est idéale d'afficher une autorité forte dans la pseudo-lutte contre le trafic de drogue.

Ce soir-là, les valises ont semble-t-il été chargées par les hommes d'un certain Maurice, un Français, la cinquantaine, parlant un espagnol parfait, et toujours non identifié à ce jour par les justices française et dominicaine. D'après les enquêteurs, il aurait fait l'intermédiaire entre un cartel et les Européens. Le soir de son arrivée à Punta Cana, le 16 mars 2013, Pisapia assure que ce fameux Maurice est passé le visiter à son hôtel pour s'assurer que tout allait bien.

Après quinze mois de détention provisoire à la prison d'Higüey suite à leur arrestation, les quatre hommes sont placés en résidence surveillée, à leurs frais et avec interdiction de quitter le territoire. Après des dizaines de reports et des mois d'attente, Bruno et Pascal comparaissent devant le tribunal de Punta Cana en août 2015, soit plus de deux ans après leur arrestation, au même titre que Pisapia et Castany. Après un délibéré d'une dizaine d'heures dans la nuit du 15 août, parmi la trentaine de prévenus, seuls cinq sont condamnés et seuls les Français écopent d'une lourde peine : vingt ans de prison. Par la voix de leurs avocats, ils font appel immédiatement et sont donc laissés libres dans l'attente de leur deuxième procès. En octobre, les pilotes désertent clandestinement la République dominicaine, arguant *via* leur avocat avoir « quitté le territoire d'un pays dont la justice n'existe pas » et ne pas chercher à « fuir la justice ». Ils demandent même à être entendus par la juge d'instruction, qui, depuis deux ans, a suivi toutes sortes de pistes, allant jusqu'à placer sur écoute Nicolas Sarkozy. Son tort ? Avoir volé à bord du Falcon 50 d'Alain Afflelou. On y reviendra… Elle cherche également la tête du réseau du côté des activités d'Alexandre Balkany, proche de Castany. La prison, que je ne vais pas tarder à baptiser la Bête, n'a jamais été aussi proche de m'engloutir. Après une semaine rocambolesque qui m'aura vu traité comme le dernier des bandits, humilié, ce sera chose faite le 11 septembre 2013. La juge d'instruction nous met, Fabrice et moi, en examen pour « importation de stupéfiants en bande organisée, association de malfaiteurs et direction d'un groupement en vue de l'importation, trafic de stupéfiants et blanchiment ». Nous sommes placés en détention provisoire. Fabrice est envoyé à Luynes près d'Aix-en-Provence, et moi, aux Baumettes, à Marseille. Douze mois de préventive plus tard, je serai libéré sous caution contre 200 000 euros, soit le 28 août 2014.

En 2016, c'est Ali Bouchareb, soupçonné d'être le fameux Daryan ou Rayan, qui est arrêté en Espagne, pris en flagrant délit au déchargement d'un bateau contenant 400 kg de cocaïne et des armes. Informée de l'événement, la juge d'instruction convoque pour une identification sur photo une serveuse de l'hôtel de Sanary-sur-Mer dans lequel Colin, Rayan, Pisapia et Manchet sont descendus en décembre 2012. Et celle-ci est formelle : sur une planche de visages, elle reconnaît Ali Bouchareb comme étant l'homme qu'elle a vu ce soir-là avec Colin à La Farandole. Lors de la perquisition à son domicile espagnol, des faux papiers au nom de Rayan Hanouna sont découverts. Tout cela semble confirmer les indices jusqu'à présent récoltés par la juge et les enquêteurs. Mais cette dernière n'aura pas l'occasion d'auditionner Ali, qui est relâché par la justice espagnole trois mois après son arrestation.

De son côté, au printemps 2015, Colin craque : il livre des informations sur un trafic de cocaïne dont la juge n'a pas connaissance, avant de conclure l'interrogatoire de façon lunaire en déclarant être enquêteur free-lance, investiguant au sein de plusieurs réseaux de stupéfiants qu'il aurait infiltrés dans l'espoir de bénéficier des compensations promises par l'administration française pour de telles révélations. Son rôle auprès d'Ali Bouchareb consisterait à lui faire profiter de son réseau et de ses connaissances au sein de l'aviation d'affaires pour importer de la cocaïne en grande quantité directement depuis l'Amérique latine, moyennant une rétribution de 30 %. Dans une autre audition, il confie à la juge que Maurice a été décrit par Rayan comme un ancien taulard qui a fait dans le braquage de fourgons. Un homme dangereux et toujours actif, à la gâchette facile.

En avril 2019, après six ans de procédure et sept semaines de procès, la cour d'assises spéciale d'Aix-en-Provence me condamne à six ans de prison ferme et 2 millions d'euros d'amende douanière. Même sentence pour Fabrice, Bruno et Pascal. Colin, lui, prend douze ans ferme pour l'organisation du trafic. Ali Bouchareb, considéré comme le commanditaire, est le plus lourdement condamné, avec une peine de dix-huit ans de réclusion. Manchet, le douanier toulonnais, écope quant à lui de cinq ans ferme sans amende, et Michel Ristic, l'homme à tout faire de Bouchareb, est acquitté, tout comme Henri Bartolo, le dernier des neuf mis en cause.

Fabrice, Pascal, Bruno et moi faisons appel. Colin, lui, accepte sa condamnation et reconnaît sa culpabilité. Pour nous, il est hors de question de tolérer ce verdict, qui nous envoie tous le soir même en prison, non plus comme prévenus comme ce fut le cas lors de mes douze mois de préventive, mais bien comme coupables, reconnus de participation à un trafic de cocaïne international. Je suis envoyé à Luynes, où je reste quarante jours, le temps de l'examen de notre appel et de notre demande de remise en liberté.

Le procès en appel se déroule deux ans plus tard, du 7 juin au 8 juillet 2021, jour du délibéré. Au cours des audiences, Colin a apporté une nouvelle version des faits. Voulant « apaiser sa conscience », selon ses mots, il innocente Ali Bouchareb. Il avoue aussi que les pilotes « se sont fait bananer » et n'étaient pas au courant de la nature des trajets ni du contenu des valises. Il reconnaît ensuite n'avoir jamais entendu parler de moi et n'avoir appris mon existence qu'à la lecture de la procédure. Il dit aussi avoir rencontré Fabrice dans le cadre d'une réunion de préparation de vol tout ce qu'il y a de plus normale.

À l'issue du procès, Pascal et Bruno sont innocentés. Quant à Fabrice et moi, nos peines sont confirmées. Il faudra donc en passer par le pourvoi en cassation pour espérer que notre innocence dans cette affaire soit enfin reconnue par la justice. Je vais rester en prison du 8 juillet au 21 octobre 2021, délai de l'étude de mon pourvoi. Entre-temps, un aménagement de ma peine et le luxe d'une liberté conditionnelle seraient possibles si je reconnaissais ma culpabilité. Il en est hors de question ! Parce que je suis innocent et que cette procédure est une énorme mascarade.

J'ai été propulsé dans cette histoire au mépris des faits, des (faux) indices, des (non-)preuves, des témoignages versés au dossier au cours d'une procédure ubuesque et présentés durant deux procès qui n'ont été que des parodies de justice. Une justice face à laquelle nous sommes peu de chose quand elle s'emballe, se méprend, mais dont les acteurs et autres décisionnaires n'osent se contredire. Ils sont l'autorité, donc ils ont raison, quand bien même ils ont en vérité tort. C'est à gerber.

Mon triste et injuste sort, je le dois d'abord à des individus au passé et aux agissements douteux, et même frauduleux, dont je n'ai eu vent, comme tout le monde, qu'en parcourant les articles de presse, lors d'auditions chez la juge d'instruction, *via* les informations recueillies par mes avocats ou durant le procès. Ces hommes-là ne seraient jamais montés dans « notre » avion, si nous avions su tout cela.

Mon triste et injuste sort, je le dois aux douanes et aussi à des membres de l'Ocrtis, dissolu en 2019 et désormais appelé Ofast (Office anti-stupéfiants), des enquêteurs à l'affût d'un gros coup de filet et qui ont laissé se dérouler un putatif trafic en faisant de SN-THS un « mulet » contre son gré.

Mon triste et injuste sort, j'estime le devoir surtout à une juge d'instruction, qui s'est autopersuadée de mon implication à la tête d'un trafic en réalité fantôme, a enchaîné les excès de zèle et les investigations à charge, et dont le but non avoué était de faire « tomber des gros bonnets » sans jamais remettre en cause sa conviction initiale à mon sujet.

CHAPITRE 3

LA JUGE D'INSTRUCTION, NICOLAS SARKOZY ET MOI

Lyon, mardi 3 septembre 2013, 6 h 30. La sonnette de la maison retentit. Sur le pas de ma porte, des agents de l'Ocrtis. Les stups. Tiens donc… Qu'est-ce qu'ils me veulent ? Dès le début de l'enquête, j'ai été entendu comme témoin, ce qui m'a paru on ne peut plus normal et logique. J'ai dit ce que je savais, c'est-à-dire pas grand-chose :

> J'ignore absolument tout de ce qui a pu se passer. D'abord parce que ces clients sont certes ceux de la société, mais pas directement les miens. Je ne connais

pas ces gens, hormis Alain Castany. Et encore, connaître, c'est beaucoup dire : je l'ai eu au téléphone, une fois, en mars 2013. Il poussait pour que je donne mon accord pour la location de l'appareil, pour le troisième vol. Je le lui ai refusé parce que le précédent n'était pas encore totalement payé. J'ai fait mon boulot de gestionnaire qui veille sur le paiement des vols, sur sa trésorerie, au bon fonctionnement de sa société, point. Et Punta Cana pour moi, c'est un Club Med où j'ai passé des vacances il y a bien longtemps. Ce n'est que maintenant que je sais qu'il s'agit d'une plaque tournante mondiale de la drogue !

Ces explications n'ont visiblement pas suffi, puisqu'on m'apprend ce matin-là ma mise en garde en vue. Le jour… de la rentrée scolaire. Merci pour le timing. D'autant que par-dessus le marché, à cette époque, je suis en pleine dépression. Un vrai zombie. Je gère le quotidien de SN-THS comme je peux. Je masque autant que possible mon stress et mes angoisses. Quelques semaines plus tôt, un reportage de l'émission *7 à 8* a fait beaucoup de mal, montrant des images de l'intérieur de l'appareil au moment de sa fouille. Ce reportage a mis le feu aux poudres côté français, sans parler de la déflagration pour mes proches. Il nous a clairement jeté en pâture. Des images *fake*, en réalité tournées par les autorités dominicaines plusieurs heures plus tard. Comment je le sais ? Parce qu'elles présentent des incohérences de l'état des lieux d'un tel avion à quelques minutes d'un décollage. C'est un bordel incroyable, rien n'est à sa place, notamment le container à plateaux-repas qui traîne au milieu de tout alors qu'un emplacement bien précis lui est dédié. La manipulation de ces images est déjà la preuve que quelque chose ne tourne pas rond dans la procédure qui est en cours à Punta Cana. Il y a un loup… Comment ces journalistes ont-ils pu se faire berner à ce point ? Comment la chaîne TF1 a-t-elle pu laisser passer ça ? J'en veux globalement beaucoup à une certaine presse avide de voir des têtes tomber, et qui ne fait son boulot qu'à moitié, ou (volontairement ?) mal. Même si ce n'est clairement pas eux qui m'empêchent de dormir aujourd'hui, ça méritait d'être dit !

À cette époque, aussi, c'est moins mon cas personnel que celui de mes pilotes qui me fout le moral en l'air. Je ne supporte pas l'idée qu'ils moisissent en prison, à neuf heures d'avion de moi. Ça me serre les tripes en permanence. Je suis au plus mal psychologiquement mais j'avance, je fais tout pour tenir le coup. C'est dans mon tempérament. Ma philosophie de vie est relativement simple : entre notre premier et notre dernier souffle, la vie est dangereuse, semée d'embûches. Personne n'y échappe. J'ai donc décidé que j'allais vivre, malgré les obstacles. Dans le milieu équestre, on dit souvent qu'on a beau entraîner un cheval, ce qu'on ne peut pas lui apprendre, c'est à aimer la gagne. Pour les êtres humains, c'est pareil. On peut apprendre à bien lire, bien écrire, bien compter, bien dessiner… La soif de vie en toutes circonstances, elle, ne s'apprend pas. Donc j'avance. Ce matin-là, même au plus mal, je peaufine les derniers détails d'un rendez-vous important, la signature d'un contrat afin d'organiser le concours hippique de La Clusaz. Je m'accroche à mon rêve. Je prépare la suite. Et puis je suis convaincu que ce gigantesque quiproquo va bientôt prendre fin. Que les autorités policières et judiciaires compétentes vont y voir clair. Que l'étau va se desserrer. C'est diamétralement l'inverse qui se produira.

Tandis que Louis, mon petit dernier, se rend sans moi au CE2 pour la première fois, l'un des nombreux instants de vie que la justice m'aura fait perdre, j'assiste à la perquisition de mon domicile. Puis la police m'embarque, bracelets aux poignets, direction la banque pour perquisitionner mon coffre-fort. Que traque-t-elle ? L'argent de la drogue d'Air Cocaïne, ou une trace quelconque – elle peut toujours chercher… En roulant vers ma banque, le véhicule fonce à 140 kilomètres à l'heure le long des quais de Saône.

Je demande :

— Possible de rouler à peu près normalement ? Il ne va pas s'échapper, le coffre-fort ! Et je ne tiens pas à mourir dans une voiture de police.

— C'est une garde à vue monsieur, donc on fonce, point barre, me dit la cheffe, pas commode.

Ça commence fort. Et je n'ai encore rien vu.

La fouille du coffre ne donne rien. Direction le poste. Et premier interrogatoire dans la peau du coupable. J'apprends ce que l'on me reproche : « Importation de stupéfiants en bande organisée ». Début de l'enfer. Durant quatre jours, je fais des va-et-vient entre ma cellule et la salle d'interrogatoire. En tout, on me cuisinera une quinzaine d'heures. Peut-être plus. Ma notion du temps est totalement ébranlée. À chaque instant, je m'attends à ce qu'un flic entre dans la pièce et m'annonce : « Bon, excusez-nous de vous avoir malmené, monsieur Dreyfus. On a vérifié. Vous n'y êtes pour rien, vous pouvez rentrer chez vous. » Le pire, c'est que ma santé se dégrade au fil des heures. Je fais très vite un blocage urinaire à cause du stress. Je souffre le martyre. Des pitres de SOS Médecins m'auscultent. Je dis des pitres parce qu'ils ont beau constater ma douleur, flagrante, puisque mes constantes médicales (température, tension artérielle, fréquence cardiaque…) sont normales, ils m'estiment « apte » à la garde à vue. C'est donc ainsi qu'ils respectent leur serment d'Hippocrate ?! Serment d'hypocrite, oui ! Après m'être plaint de la douleur une bonne dizaine de fois, je finis tout de même par être emmené à l'hôpital, où l'on me pose une sonde provisoire dans l'urètre, à changer toutes les vingt-quatre heures, et où le médecin veut me garder, vu mon état. Refus. Retour en garde à vue, porté par les flics, traité comme le pire des criminels. Une horreur. Retour à l'hôpital. Une infirmière ne vérifie pas ma sonde, qui aurait alors déjà dû être remplacée. Et re-retour en GAV. Et nouvel interrogatoire. Les policiers témoignent d'une espèce d'empathie à mon égard. Pas de la sympathie, n'allons pas jusque-là. Un mot, un regard me montrent qu'ils sont gênés aux entournures. Que ce qui se trame dans ce commissariat les dérange. Mais ils suivent les ordres d'une cheffe zélée qui prend visiblement un malin plaisir à se faire un col blanc. Je n'ai pas le profil type, celui du petit caïd qui deale du chichon, son client habituel. Elle pense avoir ferré un gros poisson, une belle prise qui lui vaudra les honneurs de la hiérarchie. Du galon. Une augmentation. Alors elle serre la mâchoire sur sa proie, pour me faire craquer.

Je suis du genre dur au mal mais là, j'aurais sans doute rendu les armes si j'avais eu quelque chose à me reprocher. Pour en finir. Pour qu'on me lâche la grappe. C'est trop de douleur, tout ça. Seulement voilà, je n'ai rien à avouer…

Vendredi 6 septembre au soir. Le juge des libertés signe un mandat de dépôt provisoire et m'envoie dormir à la maison d'arrêt de Lyon-Corbas. C'est mon véritable premier jour en prison. Rétrospectivement, c'est peut-être le moins affreux de tous. Parce que même si je suis choqué et exténué par les événements de ces derniers jours, j'ai encore espoir. Et parce que cette cellule, c'est le paradis comparé à ce qui m'attend. Elle est propre. Le lit aussi. Il y a une douche, une lampe de chevet et *Le Progrès*, le quotidien régional. C'est l'Amérique. Suintant depuis quatre jours dans ma chemise, ma veste et mon chino, je me vois fournir des vêtements propres, de ceux qu'on donne aux indigents, par une bonne âme. Ma nouvelle dégaine vestimentaire est le reflet de ma misère mentale, de ma déchéance forcée. Et de mon futur très proche.

Mardi 10 septembre au matin. Je suis transféré dans les geôles du palais de justice de Marseille pour être présenté à la juge d'instruction en milieu d'après-midi. Je m'accroche à une idée : un magistrat, lui, va comprendre. C'est du sérieux ces gens-là, du solide, des gardiens du droit qui jaugent les faits une main sur le cœur et l'autre sur le Dalloz. J'y crois encore ferme quand s'ouvre la porte du bureau. Mes convictions s'effondrent en un quart de seconde. À son regard, au ton de sa voix, à ses premiers mots, je comprends que je suis mort. Les cinq heures qui suivent me le confirment : si je suis là devant elle, c'est que je suis coupable. Pas de fumée sans feu. Cette femme deviendra mon pire cauchemar.

Une anecdote suffit à résumer l'enfer que cette personne m'a fait vivre, et à dessiner les contours de l'enquête qu'elle s'est acharnée à mener. Un jour qu'elle me convoque dans son bureau durant ma détention provisoire – des auditions qui pouvaient durer jusqu'à six heures de rang – je me permets de lui demander :

— Pardonnez-moi madame mais il me semble que vous n'instruisez qu'à charge, je me trompe ?

— Ah non, pas du tout monsieur Dreyfus. Quand je vous pose une question et que vous répondez bien, eh bien là, c'est à décharge !

En somme, avouez tout et vous aurez la paix. Dites-moi ce que je veux entendre et je vous sortirai de cette geôle. Il me paraît alors très vite évident qu'elle m'y laisse croupir pour faire « rassir la viande », comme on dit dans le jargon judiciaire. Ce qu'elle ne sait pas, c'est que j'ai la couenne dure et qu'ayant à cette époque foi en la justice, je prends mon mal en patience et encaisse ses coups en attendant mon heure, qui viendra lors du procès, j'en suis sûr. Quelle naïveté.

Je suis de nature à ne conserver en mémoire que les bons souvenirs du passé. Mais concernant cette juge d'instruction, seul le mauvais ressurgit puisqu'il n'y a eu que ça. Jamais cette magistrate n'a eu la moindre compassion ni le moindre sursaut d'humanité. Dès notre première rencontre, j'ai su qu'il en serait ainsi.

— Madame, vous vous rendez compte que si vous maintenez mon incarcération, c'est une entreprise qui va devoir fermer et de nombreux employés, donc de nombreuses familles, qui vont se retrouver sur le carreau ?

Elle répond en ricanant, levant les yeux au ciel :

— Allons, allons... Plutôt que de me dire des bêtises, dites-moi plutôt comment vous faisiez 3 millions d'euros de chiffre d'affaires avec votre société [Aero Jet, la première] à vous tout seul...

— Mais je ne suis pas seul. Je vous explique : oui, j'ai peu d'employés directement rattachés à cette société, mais en réalité elle fait vivre plusieurs sociétés prestataires. C'est ainsi que fonctionne l'aviation d'affaires. La plupart de nos contrats, nous les signons avec l'étranger. Je loue donc des équipages, paie des prestations à des compagnies extérieures à la mienne, embauche du personnel free-lance, comme les pilotes. Cela me coûte moins et cela n'a rien d'illégal ! Vérifiez mes livres de comptes, mes factures, etc. Tout y est !

Un autre juge d'instruction aurait cherché à comprendre comment fonctionne ce marché, cette activité, il est vrai pas banale. Il aurait creusé et aurait découvert les rouages et les subtilités du métier. Elle, non. Elle n'en démord pas : l'argent de notre boîte, c'est celui de la drogue. Et elle entend bien le démontrer par tous les moyens. Comme cette fois où elle a pensé lever un lièvre en faisant une fixette sur le nom de notre société...

Quelques années avant de reprendre SN-THS, j'avais déposé le nom de mon entreprise précédente, Aero Jet Corporate, bien plus sexy que SN-THS – le « SN » signifiant « société nouvelle », préfixe attribué à toutes les boîtes reprises après être passées devant le tribunal de commerce, une connotation peu flatteuse et, qui vous en conviendrez, n'est pas très vendeuse. En comité de direction, nous avons donc décidé de déclarer un nouveau nom commercial plus avenant, sans toucher à la structure SN-THS. Vous me suivez ? Eh bien, figurez-vous que la juge d'instruction, considérant sans doute que le diable se cache dans les détails, y a vu un loup, ce changement étant selon elle le moyen de masquer notre identité et notre véritable business qui était donc le trafic de cocaïne à travers le monde. Deux noms différents sur des factures et des livres de comptes, c'est louche.

Encore aurait-il fallu qu'elle sache les lire, ces livres de comptes. Ce qu'elle ne sait pas faire. La preuve ? Cette fois où elle m'en a présenté un, pointant le fait qu'une somme de 80 000 euros a disparu d'une page à une autre.

— Où est cet argent ?

— Alors vous m'excuserez mais j'ai beau avoir une excellente mémoire, je ne connais pas le contenu de mes comptes par cœur. Je ne suis pas comptable. Mais il doit bien y avoir une raison…

Quelques semaines plus tard, le président de l'Ordre des experts-comptables de la ville de Marseille, mandaté pour valider les comptes la trouvera, cette raison – un détail technique nullement répréhensible. Et conclura que tout est normal. Le tribunal de commerce de Lyon a d'ailleurs jugé que le dépôt de bilan de la société était dû uniquement à l'incarcération de son président. Montant de cette vérification dont j'ai dû moi-même régler la facture ? 4 000 euros. Pareille lacune n'empêchera pas notre magistrate d'être nommée à la juridiction interrégionale spécialisée (JIRS) des… finances ! Quelle blague !

Mais ne bougez pas, le plus lourd est encore à venir, patience…

Le plus lourd, ç'aurait pu être le fait qu'un beau matin, elle découvre « officiellement » que Fabrice Alcaud est inscrit au registre des sources de la police, c'est-à-dire qu'il est une sorte d'indic que celle-ci consulte lorsqu'elle flaire une affaire ou qu'elle a un doute sur la probité d'un individu. Et que de ce fait, les vérifications faites à ma demande et *via* l'intermédiaire de Fabrice auprès de la DCRI et de l'Ocrtis au moment des vols étaient claires, légitimes et transparentes. Nous le lui avons dit maintes et maintes fois, la suppliant presque de vérifier nos dires. Ce qu'elle n'a jamais pris soin de faire. Ce n'est qu'au moment où une source officielle l'a informée de notre démarche auprès des autorités que nous avons enfin été libérés par la cour d'appel d'Aix-en-Provence au bout… d'un an. Ces mois de détention auraient été évités si elle avait pris la peine d'obtenir un renseignement qui lui aurait coûté deux ou trois coups de fil. Quelle aberration ! « J'aurais instruit autrement si je l'avais su », dira-t-elle plus tard à un policier de l'Ocrtis qu'elle entend dans le cadre de l'instruction. Quel toupet !

Dans son acharnement, la juge d'instruction a ainsi tout fait pour voir le mal là où il n'était pas, tout en restant volontairement aveugle face à l'évidence. Tout cela paraît trop gros, trop fou, trop irréel pour être vrai. Comme le dit une célèbre série télévisée des années 1990, *X-Files*, la vérité – du moins celle que cette juge d'instruction cherchait à tout prix – est ailleurs…

* * *

Ça me fait tilt au beau milieu d'une audition. Voilà un peu plus de deux heures et trente minutes qu'elle me bassine sur… Nicolas Sarkozy. Que vient-il faire dans tout ça ? Hasard de notre planning, l'ancien président de la République a effectué un trajet à bord d'un de nos appareils afin de se rendre à une convocation du juge Gentil dans le cadre de l'affaire Bettencourt, le 21 mars 2013, c'est-à-dire… deux jours après que le Falcon a atterri sur le tarmac de l'aéroport de Punta Cana. Un avion dans lequel il aurait donc dû monter s'il avait traversé l'Atlantique. Dans l'esprit de la magistrate, sans qu'elle le dise ostensiblement, puisque Nicolas Sarkozy était censé prendre un vol ayant (soi-disant) servi à organiser un trafic de cocaïne, c'est qu'il est dans le coup ! Incroyable. Du pur délire. Du grand Guignol. Un ancien président de la République française reconverti en trafiquant de drogue international ! Même le cerveau du plus farfelu des scénaristes d'Hollywood ne serait pas capable d'inventer une histoire pareille. Dans celui de cette juge d'instruction, cela devient une hypothèse.

J'ose vouloir éclaircir ce point :

— Je ne vois pas le rapport entre ces vols de Nicolas Sarkozy et le fait que je sois puni moi aux Baumettes. J'espère que je ne suis pas puni à cause de ça depuis dix mois.

J'ajoute :

— Je pense qu'on a fait la lumière sur les vols de République dominicaine et je ne vois pas ce que ma détention pourrait amener sur l'enquête ou la détermination de la vérité. Sauf si, comme mon aïeul, ma culpabilité est ma race et dans ce cas il faut m'envoyer sur l'île du Diable et pas aux Baumettes. J'aimerais savoir quand vous comptez me libérer.

J'enchaîne ce genre de provocations et de piques, qui la perturbent. Je sens que je fais mouche. C'est à mon tour de sentir qu'il y a un loup. Un élément plus que troublant m'avait de toute façon déjà mis la puce à l'oreille. Lors de la première perquisition de SN-THS diligentée par cette brillante magistrate qui voulait fouiller dans les comptes de notre société avoisinant alors les 6 millions d'euros de chiffre d'affaires par le biais de plusieurs centaines de factures, les enquêteurs n'en ont extrait que trois. Trois ! Et toutes concernent les vols effectués par Nicolas Sarkozy, devenu client par l'entremise de son ami Stéphane Courbit, lui-même déjà fidèle à nos services. Je m'étais dit : « Mais faites au moins semblant d'en prendre d'autres, histoire qu'on ne devine pas que tout est ciblé, téléguidé ! Cachez au moins le fait que vous lui cherchez des poux. » Eh bien non. Seuls ces trois documents, qui ne révéleront rien d'illégal, intéresseront la magistrate. Quand je vous dis que c'est fou…

Plus tard, on apprendra dans la presse qu'elle est allée jusqu'à demander la géolocalisation des deux téléphones de l'ancien président ainsi que leur facture détaillée sur plusieurs mois, « afin d'éclaircir l'existence ou non d'un lien entre l'ex-chef de l'État et le transport de drogue à bord d'un avion », lit-on dans les journaux. Qu'en est-il ressorti ? Rien. Elle apprendra que Nicolas Sarkozy discute très régulièrement avec sa femme, son attachée de presse et le policier en charge de sa protection. Du très grand banditisme en somme ! Longtemps après, une autre personne auditionnée par ses soins me confiera s'être vu demander : « Dites-moi qu'il y a Nicolas Sarkozy dans cette histoire !!! Je veux l'entendre !!! Dites. Le. Moi ! »

Ce qui me fout en l'air, pardonnez-moi l'expression, c'est de m'apercevoir que ces mois de procédure et d'enquête qui n'ont abouti à rien – comment pouvait-il en être autrement ? – ont justifié mon maintien derrière les barreaux pendant tout ce temps. Car oui, si elle m'a gardé en détention, ce n'est que pour mener ces investigations. Et moi qui suis le dernier des complotistes, j'en suis aujourd'hui intimement convaincu et plus rien ne m'empêche de l'affirmer, au point où j'en suis : grisée par les noms prestigieux du spectacle, des affaires ou de la politique que nous faisions voler, la juge d'instruction a cru pouvoir se servir de l'affaire Air Cocaïne pour se faire un nom, dessiner sa trajectoire personnelle et se fabriquer une carrière, un destin. Elle y est même en partie parvenue puisqu'elle a reçu la Légion d'honneur. Mais son obstination, qui a entraîné ma chute, va aussi provoquer la sienne.

Ce qui pourrait paraître étonnant, c'est qu'alors qu'elle est nommée à la tête de la JIRS financière, elle apporte avec elle le dossier de l'affaire Air Cocaïne. Elle avait pourtant mieux à faire avec le tentaculaire feuilleton politico-financier impliquant Jean-Noël Guerini, ancien président du conseil général des Bouches-du-Rhône.

Aux dernières nouvelles, elle est au placard. Elle n'a jamais exprimé le moindre regret – ne parlons pas d'excuses –, cramponnée à ses convictions et au bien-fondé de son travail, comme elle l'a expliqué lors du procès. Car oui, autre épisode marquant et inouï de cette affaire, la juge d'instruction elle-même a été appelée à la barre lors de la cour d'assises spéciale de 2019, ce qui ne se fait pour ainsi dire… jamais ! Une fois de plus, ce fut rocambolesque.

Dans le système judiciaire français, un juge d'instruction n'a pas à justifier son travail. Le secret et l'indépendance sont partie intégrante de sa fonction. Son travail d'investigation sert de base en vue d'un procès dont il est ordinairement absent. Sauf cette fois. Citée par Me Dupond-Moretti, un des avocats des deux pilotes lors du premier procès, elle a en effet été invitée à justifier ses méthodes durant la procédure. Ce que nous avons alors vu et entendu est en tout point lunaire.

Elle commence ainsi par tresser des louanges à ses confrères de… République dominicaine, pays corrompu, listé parmi les derniers de la classe par diverses ONG internationales en matière de probité judiciaire. Elle s'y est rendue deux fois. Au fil de son récit, j'ai l'impression que l'un de mes avocats, un vieux de la vieille qui en a vu durant sa longue et prestigieuse carrière, va faire une syncope. Première raison de son émoi, elle lit des notes, ne respectant pas ce que l'on nomme « l'oralité des débats » en pareille circonstance. Les avocats la reprendront plusieurs fois. Me Dupond-Moretti :

Vous n'avez pas le droit d'utiliser de notes !

Mon avocat, n'y tenant plus, au bout de quinze minutes :

C'est inadmissible ! La procédure ne le permet pas.

Pressentant l'erreur de procédure, le président a dû intervenir sur la pression des avocats. D'abord posément :

Essayez de vous dégager de vos notes. Allez à l'essentiel.

Plus tard, après un énième emportement du volcanique futur garde des Sceaux, fermement :

Continuez sans notes, c'est clair et net !

Ce que, stressée et à fleur de peau, elle a tout le mal du monde à faire.

Et que dire du contenu de son intervention qui nous fait tomber de l'armoire ? Voyez plutôt :

Les juges dominicains m'ont expliqué leur système judiciaire, leurs difficultés, la corruption, les

> organisations criminelles en tout genre qui polluent leur pays. J'ai rencontré des personnes totalement investies dans leur mission,

ose-t-elle dire devant la cour, de ce ton sec et méprisant que je lui connais bien. Elle l'est beaucoup moins lorsque Me Dupond-Moretti la questionne sur sa méthode, sa procédure, son travail, allant loin dans les détails :

— Vous vous êtes intéressée au nombre de valises saisies ? Pourquoi ne pas avoir demandé un échantillon de stupéfiants ?

— Je n'ai aucune légitimité pour apprécier les actes faits en République dominicaine.

— Madame, vous répondez à côté de la plaque ! Vous vous êtes servie du jugement dominicain pour mettre tous ces gens en examen !

Plus tard, elle se pose même en victime lorsqu'est évoqué le volet stérile Sarkozy.

> On a dit que j'avais voulu me faire un nom. De là, j'ai subi des attaques personnelles. Des pressions. On me disait qu'une enquête demandée à une officine privée allait chercher des choses sur moi ou ma famille, qu'une pieuvre se mettait sur moi pour me broyer…

Calimero, sors de ce corps ! Et Pinocchio qui entre en scène au moment d'évoquer le dessaisissement de l'Ocrtis dont les enquêteurs auraient été, dit-elle, déloyaux envers elle, ne la prévenant pas du statut particulier de Fabrice Alcaud. Cette information aurait pourtant changé le cours de nos vies, et nous aurait épargné la prison. Cela ne manque pas de faire réagir son avocate qui, en plus de savoir que Fabrice et moi-même le lui avons signalé à plusieurs reprises, dégaine une jolie carte de son jeu :

— L'un d'eux [agents de l'Ocrtis] dit vous avoir prévenue par téléphone un an avant que vous ne l'appreniez.

— C'est faux. Cela serait resté gravé.

Elle termine ses quatre heures d'audition dans le cirage, usée, chancelante.

> Être ici et devoir répondre à de multiples questions sur un dossier de 62 000 cotes, c'est effectivement une épreuve.

L'arroseuse arrosée. Une petite victoire au milieu de ce procès dantesque. Dont elle sortira libre, elle.

CHAPITRE 4

DES PROCÈS MASCARADE

Tribunal d'Aix-en-Provence, lundi 18 février 2019. J'attends ce jour depuis six ans. Le procès Air Cocaïne s'ouvre (enfin !) devant une cour d'assises spéciale, sans jury. Nicolas Pisapia est le seul encore en République dominicaine. C'est parti pour sept longues semaines. Il va falloir avoir les reins solides et des nerfs d'acier. Garder son calme et refouler ses émotions. Et d'abord appréhender ce contexte si particulier. De toute ma vie, je n'ai jamais mis les pieds dans ce haut lieu de la République qu'est un palais de justice. C'est intimidant. Ça remue les tripes. S'y rendre, y être convoqué, c'est déjà être dans la peau du condamné.

Mais je suis prêt. Serein. Costaud. La défense concoctée avec mes avocats est en béton armé. La ligne est claire : Pierre-Marc Dreyfus n'a rien à faire sur le banc des accusés ! Si tant est qu'un trafic de stupéfiants a été organisé par le biais de sa compagnie aérienne (et cela reste encore à prouver, à démontrer), celui-ci a été orchestré à son insu, malgré la vigilance dont il a fait preuve durant toute sa carrière, comme pilote, commandant de bord ou chef d'entreprise. A-t-on déjà accusé le patron de la SNCF d'être un ponte du deal de haschisch parce qu'un margoulin s'est fait gauler par les forces de l'ordre avec 10 grammes ou 10 kg de shit à bord d'un TGV ? Non. CQFD.

Sauf que l'histoire est évidemment plus complexe et qu'un procès reste une épreuve. Pour n'importe qui. Surtout pour un innocent droit dans ses bottes qui se regarde chaque matin dans le miroir sans détourner les yeux. Je me suis donc conditionné, physiquement et mentalement, comme on s'affûte en vue d'un marathon. Avec Jean-Claude, un copain de trente ans qui est tout à la fois mon coach sportif, mon conseiller, mon confident. Mon ami. Un type formidable, sain, inspirant. Cet homme de 71 ans qui en paraît facilement quinze de moins a eu mille existences en une. Un destin comme je les aime.

Ancien patron de discothèque n'ayant jamais basculé dans les affres de la nuit, bon cavalier – c'est ce qui nous a réunis, on montait à cheval ensemble –, cet ancien membre de l'équipe de France de karaté (6e dan) est un passionné de la vie et de l'Asie, qu'il a traversée de long en large, et surtout de philosophie chinoise, qu'il a un temps enseignée à l'université. Jean-Claude est une « machine ». De paix. Il est zen et olympien. À côté de lui, Maître Yoda et le *senseï* de *Karaté Kid* passeraient pour des mecs névrosés. Durant les semaines précédant le procès, il s'est donné pour mission de muscler mon corps et mon cerveau. Et m'a appris à prendre non pas du recul mais de la hauteur sur les événements, aussi stressants soient-ils. Ce lundi 18 février, j'avance vaillant et déterminé vers le tribunal où ma vie va se jouer. Envoyez les scuds, on est prêts pour la riposte.

Quand je dis « prêt », c'est tout à fait relatif : je n'arrive pas la fleur au fusil non plus ! Je suis même peut-être un peu trop relax. Car en me voyant pénétrer en… jean dans le hall, mon fils aîné à mes côtés, mon avocat nous lance : « Alors là messieurs, ça ne va pas le faire ! Ça ne va pas du tout, cette tenue, Pierre-Marc. Vincent, file ton chino à ton père ! » Et nous voilà donc, en slip-chaussettes dans les toilettes du tribunal, à échanger nos pantalons. Une (très) drôle de scène, à quelques minutes du « coup d'envoi ». J'en ris avec Vincent et ce moment improbable a le don de détendre un peu l'atmosphère.

Après la fouille policière, nous sommes à peine installés face aux cinq juges que, premier coup de théâtre, Alain Castany est absent ! Lui, le personnage névralgique de cette affaire, le déclencheur de ces ennuis qui ont fait chavirer nos vies, s'est fait porter pâle. On ne sait rien de son état de santé réel. On nous informe simplement qu'il a été déclaré « physiquement inapte » à assister à un procès par un médecin. Est-il vraiment malade ou a-t-il trouvé ce subterfuge pour passer à travers les mailles de la justice ? Mystère. Quelques personnes m'avaient suggéré de préparer une entourloupe et de trouver un médecin complaisant pour contourner la justice. Mais il en était absolument hors de question ! D'abord parce que je ne suis pas du genre à me dérober face à quelque épreuve que ce soit, et surtout parce que je veux que ce procès ait lieu ! Je veux que la vérité éclate, je veux qu'on m'entende, je veux qu'on en finisse, je veux que justice me soit rendue !

Toujours est-il que tous les avocats hurlent immédiatement au scandale : « Comment ce procès peut-il avoir lieu sans la présence de M. Castany !? Ce serait une mascarade ! Les dés sont pipés. Inéquitable ! » *Illico* : suspension de séance. Ça commence fort… On file au café, sereinement convaincus que la journée va s'arrêter là. On paie l'addition au comptoir quand on nous demande de revenir expressément au tribunal. Deuxième choc : le procès va reprendre !

« L'absence d'Alain Castany ne va pas gêner les débats. »

C'est honteux. Honteux. Personne ne comprend cette décision. Ce n'est pas comme si on manquait de questions à poser à ce monsieur ! Pour ce qui me concerne, j'ai notamment bien besoin de l'entendre dire que le seul et unique contact que j'ai eu avec lui, c'est ce fameux coup de téléphone au sujet de la location de l'appareil qu'il réclamait avec insistance et que je lui ai refusé, la facture précédente n'ayant pas été réglée. Je suis précis, carré, sans filtre : « Pas de paiement, pas de vol. » J'ai donc enlevé le vol du planning. *Bye bye* Castany. J'ai d'autres clients sous le coude. Pour qui se prend-il ? Seulement voilà : malgré mon veto, cet avion est finalement parti pour Punta Cana.

L'appareil se rend en Espagne, loué par des chasseurs pour quelques jours. C'est Bruno Odos qui le pilote, Pascal Fauret étant quant à lui en repos. Pour une raison que j'ignore et qui m'échappe – et qui me serait de toute façon passée au-dessus de la tête car à ce moment-là, je suis au fond de mon lit depuis deux jours à cause d'une crise de paludisme –, les chasseurs décident d'avancer leur retour en France. Ce qui n'arrive… jamais ! Jamais. Dans la foulée, Bruno appelle notre commercial pour lui signifier que l'avion est de fait disponible pour partir en République dominicaine. Le dimanche après-midi, notre commercial parvient à contacter l'assistante d'Alain Afflelou, propriétaire du Falcon, afin d'obtenir son autorisation et de s'assurer de la disponibilité de l'appareil. Et bordel de zut, lui aussi va se montrer joignable et donner son accord du tac au tac. Un dimanche après-midi ! Que ce genre d'échanges rapides intervienne en pleine semaine, quand tout le monde bosse, c'est normal. Mais en plein week-end, non. Le scénario le plus probable aurait été que l'assistante découvre ce mail le lundi matin en attaquant sa semaine, et réponde que, malheureusement, compte tenu du timing, l'accord de départ a été impossible à délivrer. Sauf que non !

Ce (rétrospectivement malheureux) concours de circonstances a permis au vol de se faire. Dans mon dos. Malgré moi. En dépit de mon feeling qui me faisait subodorer que ce vol serait un nid d'embrouilles. Il est pourtant impossible d'en vouloir à mes gars, à mon équipe : ils ont fait le job. Je pourrais même presque dire qu'ils l'ont trop bien accompli. Leur loyauté doublée de leur investissement personnel et professionnel nous a jetés dans la gueule d'un loup dont on ne soupçonnait pas l'existence.

Lorsque je découvre cela le lundi, mon sang fait quand même quelques tours. J'appelle Fabrice qui me dit avoir été vaguement informé : « Mais ne t'inquiète pas Pierre-Marc ! Dans trois jours, ils seront de retour et le paiement sera fait. » Soit. On connaît la suite… L'avion est toujours là-bas. Les assurances de ce grand monsieur qu'est Alain Afflelou, soutien discret mais éminemment fidèle, ont fait le nécessaire. Il a été remboursé. Et ce n'est pas cet Alain-là qui me tord les boyaux.

C'est Alain Castany qu'on aurait bien aimé voir à la barre et entendre s'expliquer ! On aurait voulu qu'il soit cuisiné pour parler de son rôle, de son forcing auprès de mes équipes, qu'il révèle enfin sa malice et, surtout, qu'il raconte notre seul et unique échange : cela m'aurait automatiquement (ou en tout cas logiquement) disculpé.

Le procès reprend donc. Le directeur d'enquête, gendarme, présente l'affaire, qui est celle de sa vie. On apprendra qu'au mur de son bureau, à côté d'un poster de Tabatha Cash (la classe...), il a punaisé un drapeau de la République dominicaine... C'est le dossier de sa carrière, alors il l'expose comme un trophée ! Il y a des gens étranges... Son récit va intégralement occuper les deux premiers jours tant le dossier est monstrueux. Une intervention en tout point absurde.

Parmi les éléments apportés par les avocats d'Ali Bouchareb sur lesquels ils l'interrogent, il y a une histoire complètement folle qui concerne un bout de papier sur lequel sont indiquées... les coordonnées géographiques d'un parking du Luc, une ville située à une heure de route au nord de l'aéroport de La Môle.

Rembobinons le film et revenons précisément en décembre 2012, lors du premier voyage. Celui qui n'était visiblement qu'un test et qui me vaut d'être assis sur le banc des accusés. Après ce vol ayant introduit 400 kg de cocaïne dans les fameuses valises dites

« boueuses », parce que sales et pleines de terre, les supposés trafiquants (Ali Bouchareb, Franck Colin et un chauffeur habitué de ce petit aéroport où tout se sait mais que personne n'a jamais retrouvé), auraient quitté l'aéroport de La Môle dans un van dont la gendarmerie a pu connaître une partie du trajet grâce à leurs relevés bancaires et à des paiements d'autoroute effectués… par carte de crédit. C'est Colin qui a posé sa carte.

Je ne suis pas un bandit de grand chemin ni un stratège de la truanderie. Mais j'ose imaginer que des types conscients d'être en train de commettre un crime ont suffisamment de jugeote pour ne pas laisser de « traces » aussi évidentes derrière eux. Premier point hallucinant. Mais ce n'est pas le plus dingue de cette histoire. À la barre, le directeur d'enquête explique comment il a acquis la certitude de la présence de Bouchareb ce soir-là. Deux ans après les faits, en Espagne, où vit celui-ci, la police locale procède à une vague d'interpellations – sans lien direct avec Air Cocaïne – dont il fait partie. Ce même jour, chez un Français surnommé « l'Espagnol » habitant à quelques de kilomètres du domicile de Bouchareb, elle trouve notamment ce bout de papier sur lequel sont inscrites les fameuses coordonnées de ce parking du sud de la France. Que fait ce document chez cet homme ? Mystère total. Mis au courant, les enquêteurs français mettent la main sur ce scellé ; une aubaine sur laquelle ils fondent comme une souris sur une meule d'emmental. Ils piochent. Ils sont gourmands donc ils trouvent. Et en tirent cette conclusion : « On trouve ce document chez quelqu'un qui vit près de chez Bouchareb. Le lien est donc là ! Celui-ci était bien présent dans les parages le jour du premier vol. On tient une preuve ! »

Je veux bien croire que ces gendarmes soient très optimistes, mais si jamais quelqu'un recevait les coordonnées d'un parking qui serait un lieu de rendez-vous de malfaiteurs, il ne le garderait pas ce papier, si !? Pendant deux ans, qui plus est ? À moins de vouloir se faire gauler… Ce qui est encore plus incroyable, c'est que cette supposée preuve n'a pas été retrouvée chez lui ! En fait, les preuves avaient été mises dans le même carton par la police espagnole. Et « l'Espagnol » n'a jamais été inquiété. Où est la logique ? Où est le lien que cet adjudant défend ? J'aime autant vous dire que l'avocat de Bouchareb a littéralement bondi de son fauteuil avant d'alpaguer ce directeur d'enquête, lui démontrant par a + b que sa preuve n'en était pas une. Celui-ci est devenu blême. Il a la tête du gamin qui se fait prendre, le doigt dans le pot de confiture.

* * *

Ce procès se déroule sans preuves. Dans un pays anglo-saxon, il n'aurait jamais eu lieu. Dans ce droit-là, c'est à l'État d'apporter la preuve, concrète et irréfutable, de la culpabilité d'un individu. Le droit français, lui, possède une spécificité terrible : c'est au présumé innocent – une vaste blague, au passage – de revendiquer son innocence. C'est subtil : un faisceau de présomptions, de doutes et d'hypothèses formulés par des gens de loi (policiers, juges d'instruction…) suffit à l'envoyer en prison. Et c'est à lui et à ses avocats, autant que faire se peut, de montrer patte blanche.

Dans cette logique judiciaire, tu finis par vivre dans la peau d'un coupable que tu n'es pas. Tu n'as rien fait de mal ; tu es propre sur toi, réglo, carré, mais on te met dans une telle position que tu finis par bâtir une défense en partant malgré toi du principe que tu es coupable. Ubuesque. La justice française ne devrait pas être régie par l'empirisme du « y'a pas de fumée sans feu ». Elle n'est constitutionnellement pas conçue pour délivrer des anathèmes. Sauf que c'est ce qui se produit. Dans mon (notre) cas, la montagne de paperasse est creuse. L'accumulation de témoignages sonne faux. Le mensonge, ou plutôt l'omission de vérité, transpire de partout. C'est vide. Rien de concret. Des supputations, il y en a à la pelle, ça oui. Mais de « matériel », nulle part… Durant ces semaines qui réunissent tous les professionnels de la justice possibles et imaginables, je ne peux m'empêcher de comparer ces mécanismes à ceux de mon métier. Pure déformation professionnelle. Dans l'aéronautique, on apprend à être binaire : c'est oui ou c'est non. Ça marche ou ça ne marche pas. C'est blanc ou c'est noir. Le gris n'existe pas. Nous avons une responsabilité énorme et sommes dépositaires d'un enjeu dont j'ose croire que nous avons tous conscience : la vie des gens qui montent à bord. L'attention que l'on porte à leur bien-être, leur confort, leur contentement, et même parfois le fait de céder à certains caprices, cela fait partie du job. On s'en passerait mais ainsi soit-il. Ce n'est que le vernis de nos prestations, de nos services. Ce n'est pas le substrat du décorum. Ce qui compte, foncièrement et déontologiquement, c'est que nos passagers arrivent sains et saufs à bon port. C'est ce qui m'a toujours serré le cœur au moment de décoller. C'est exactement pourquoi nous nous assurons de la fiabilité du moindre boulon. Et c'est pour cela qu'il existe des listes de process à respecter scrupuleusement. Il y a malheureusement parfois des failles, oui. Les cas d'accident sont spectaculaires, marquent les âmes et l'opinion. Toujours est-il qu'à ce jour, le transport aérien reste statistiquement le moyen de locomotion le plus fiable et le plus sûr du monde.

Tous ces gens de loi n'ont-ils pas, eux aussi, des vies entre les mains ? J'ose le croire. Mais à les voir justifier l'injustifiable, j'en doute aujourd'hui. À ce stade du procès, j'ai encore confiance. Il y a trop d'aberrations et de questions sans réponse. Où est-elle, cette cocaïne, par exemple, tout bêtement ? Elle est tombée du ciel et s'est volatilisée dans les rares nuages de Saint-Tropez ? Ils haussent tous les épaules comme pour dire : « On ne sait pas, mais il y en a eu. »

Et celle de Punta Cana ? On en parle ? C'est quand même sur elle que tout repose, non ? Eh bien, elle a paraît-il été brûlée quarante-huit heures après la saisie, et bizarrement (paix à son âme), l'expert s'est suicidé… Tiens donc. Et le numéro du bordereau de l'analyse du contenant des valises, le document officiel censé certifier que, oui, ceci était de la coke, est daté de… huit jours avant les faits. Sans parler du procureur de la République dominicaine qui a considéré que ce vol était privé – or il s'agissait d'un transport public de passagers – et que la vérification du contenu des bagages était donc de notre ressort – ce qui est faux. On lui a pourtant démontré le contraire. « Vol privé ! Donc à vous de fouiller vos passagers et leurs bagages ! » Je veux bien qu'il y ait des défaillances de procédure et une part d'interprétation des faits, surtout dans ce pays gangrené par la corruption, mais avouez que c'est gros. Plus ça l'est, plus ça passe, visiblement. Nous ne sommes ni des bagagistes, ni des douaniers, ni des agents de la police aux frontières. Les pilotes n'ont pas été vigilants ? Mais ce n'est pas leur rôle, et encore heureux ! Charge à eux de vérifier le niveau de carburant, vérifier la météo pour éviter de voler avec 200 kilomètres à l'heure de vent en pleine face. Pas de faire les poches des passagers !

Durant ce procès de non-dits et de faux-semblants, ce bal des menteurs, défilent aussi les agents de l'Ocrtis (les stups)… Le pompon ! Devant les juges, tous, tour à tour, se montrent incapables d'expliquer comment la juge d'instruction n'a pas pu comprendre que nous les avons contactés avant l'épisode Punta Cana. Cet élément-là est un vrai souci pour tout le monde… Soyons clairs : ils savaient que quelque chose se tramait, ils ont flairé qu'un « coup » était en train de se préparer. Et pourquoi pas, après tout !? Grand bien leur fasse ! Tant mieux ! Qu'ils fassent leur boulot ! J'ai (enfin j'avais…) confiance en les règles en vigueur dans ce pays, convaincu que le respect de la loi et de l'ordre est un socle de la République. Pourquoi ne nous ont-ils pas dit, dès le début : « Attention messieurs, drapeau rouge ! Des gens malintentionnés sont en train de se servir de vous, de vos prestations, de vos avions, pour organiser un trafic illicite » ? Nous aurions été les premiers à coopérer ! Nous aurions joué le jeu. La preuve : nous leur avons expressément demandé, *via* le statut de source de Fabrice, si nos passagers étaient potentiellement suspects. En toute bonne foi et par précaution. Ils le savent, pertinemment ! Mais au lieu de cela, pardonnez-moi l'expression : ils nous l'ont faite à l'envers en nous prenant pour des mules. Ils savent aussi pertinemment qu'ils nous ont répondu : « Oui, oui, y'a pas de loup », alors qu'en réalité ils savaient qu'il y en avait un. Qu'ils nous ont envoyés au casse-pipe. Et que si l'avion en provenance de

Punta Cana avait atterri en France, nous aurions été les héros de l'histoire, non les parjures. L'Hexagone aurait salué la coopération de SN-THS dans ce coup de filet. Seulement voilà : l'appareil n'a pas décollé. Ils se sont fait squeezer. Comment ? Par qui ? Pourquoi ? On ne le saura jamais. Mais le fait est qu'ils l'ont sans doute eu mauvaise et qu'une telle institution, après des mois d'enquête et de moyens engagés, ne peut pas se permettre d'avouer que le travail de ses agents a accouché d'une souris. Ils ont donc savamment retourné leur veste. Contre nous. Contre SN-THS. Contre moi. Elle est là, la vérité. Mais on ne l'a pas entendue au procès. Qu'ont-ils dit ? Que tout le monde a fait son boulot dans les règles de l'art. Il est assez inouï de constater à quel point ils racontent la même version. Rien qui déborde !

Inouï aussi est le témoignage des douaniers. À la barre, un expert vient raconter que si de la cocaïne avait été transportée dans cet avion, le chien présent lors du contrôle de routine réalisé deux jours après le premier vol l'aurait détectée. « Un chien ? Quel chien ? » Malins, ils ne disent pas qu'il n'y avait pas de toutou ! Ils disent qu'ils ne s'en souviennent pas... Les deux pilotes l'évoquent lors de leur première confrontation avec la juge d'instruction ; en République dominicaine, l'hôtesse de l'air se rappelle ce berger malinois. Mais eux, non. Aucun souvenir. Et s'ils sont sûrs que l'avion contenait de la drogue le soir du premier vol, c'est parce qu'ils ont vu le véhicule se rendre au pied de l'appareil. Ce qui arrive… tout le temps ! C'est même le luxe de ce genre de voyage. Cela fait partie des divers éléments que j'ai expliqués à la cour, qui durant ce premier procès nous interroge ponctuellement, par à-coups.

Arrivent les derniers jours. Le couperet ou la délivrance approche. Je suis confiant. Toujours aussi guerrier, serein, décontracté. Presque souriant. La vacuité du dossier a été exposée. Les juges ont donc largement de quoi trancher et nous disculper. C'est évident. On va me rendre ce qui me revient. Mon innocence. Ma dignité. Tout. Autant je suis tombé sur une juge d'instruction qui s'est acharnée sur cet os à ronger, sur des douaniers incompétents et des stups qui nous ont pris pour des mules, autant eux vont avoir l'intelligence de réparer les (gros) dégâts.

Le 5 avril, jour du verdict. Le matin, en partant, je ne prends même pas mon baluchon pour le cas où. Sept des neuf accusés sont condamnés par la cour d'assises spéciale des Bouches-du-Rhône. Dix-huit ans de prison sont prononcés à l'encontre d'Ali

Bouchareb, six ans pour les pilotes Bruno Odos et Pascal Fauret. Franck Colin, personnage central du dossier qui a affirmé devant la cour avoir découvert l'existence de mon nom en parcourant les coupures de presse, écope d'une peine de douze ans de réclusion. Il ne fait pas appel. Fabrice et moi : six ans. Je tombe de l'armoire. Je ne comprends même pas ce qu'il m'arrive. Six ans de taule, comme ça, en un claquement de doigts. Nous interjetons immédiatement appel.

Le second procès s'ouvre un peu plus de deux ans plus tard. Il n'apporte rien de nouveau sur le fond, rien de neuf, Alain Castany est toujours absent. Cette fois, le directeur d'enquête est forfait. Souffrant. Ça en fait, des malades ! Conséquence : son remplaçant passera son temps à botter en touche, arguant qu'il ne connaît pas tous les éléments du dossier.

Autre nouveauté : nous défilons un à un devant la cour en fin de parcours, le président a cette fois décidé de nous faire passer un grand oral, moi le premier. Je parle durant quatre heures. C'est long. Éreintant. Jean-Claude est là pour me coacher pendant les interruptions. Je ne suis pas avocat, mais après deux procès et des dizaines d'interrogatoires et d'auditions, on finit par être rodé et par choper les codes de la justice. On pose sa voix et son corps. On apprend à bien dire les choses, à s'exprimer devant un auditoire. Je n'aime pas me vanter mais tant pis ça ne coûte rien : ma « prestation » est nickel chrome. Je suis regonflé à bloc. En sortant de ces quatre heures, je suis convaincu qu'on va m'acquitter, ce n'est pas possible autrement. Et tant pis pour cet ultime rebondissement : voyant que l'affaire bat de l'aile, le procureur dégaine une carte déterminante en faisant la distinction entre la condition des pilotes et celle des patrons. On était tous dans le même sac jusque-là. Il dit cette fois :

> Ces messieurs ne sont pas des trafiquants. Mais ils ne pouvaient pas ne pas savoir.

On a été négligents, en gros. On a bien voulu ne pas voir. Deuxième coup de théâtre : la défense des pilotes pointe le fait qu'ils n'ont fait qu'obéir aux ordres. Nous décidons, ils exécutent. Nous dans la peau des méchants patrons et eux dans celle des bons petits soldats. Pascal Fauret ose l'impensable :

> Oui, ils savaient.

Je serais donc le parrain qui a manipulé ses gars, dont un de ses amis, pour les transformer en mule ? C'est à vomir. C'est ce coup de Trafalgar qui fait acquitter les pilotes. Mais vous savez quoi ? Je préfère être à ma place qu'à celle de l'un d'entre eux. Une victoire par trahison n'en est pas une ! J'aurais pu jouer ma carte personnelle depuis très longtemps en pleurnichant auprès la juge d'instruction : « Mais vous savez, je n'étais pas à bord de cet appareil, ni dans ces aéroports au moment des faits. Je ne suis pas le copilote ni le commandant de bord… C'est eux qui savent, eux les responsables. » J'aurais pu les charger. Sauf que j'ai quelques principes dans la vie…

Que le commun des mortels ne comprenne rien à l'affaire, je l'entends. Que 99 % des gens qui se sont penchés dessus ne sachent pas ce qu'il s'est réellement passé, je peux aussi l'entendre. Mais l'avocat général, quand il réclame huit ans contre moi, il sait très bien que je n'ai rien à voir avec ça. J'en suis persuadé. Il est trop intelligent. Donc pourquoi cette demande ? Depuis tout ce temps, je me demande comment c'est possible.

8 juin 2021. Fin du *game*. La cour se retire pour délibérer. Pendant… douze heures ! On patiente

comme on peut dans la salle minuscule où on nous a enfermés. Pour nous habituer ? Tous les accusés sont là, à se regarder en chien de faïence. On parle. Un moment très étrange. Un grand vide, un immense « rien ». On attend. Je fais les cent pas, je me lève et je me rassieds – c'est long, douze heures – en imaginant la décision de ce président de tribunal qui tient mon destin entre ses mains. Je me suis présenté libre ce matin, mais dans quelques minutes, cet homme peut me renvoyer en prison. J'ai le temps de me faire tous les scénarios, de me mettre dans sa robe pour statuer. C'est sûr. Je suis sûr. Ils ne peuvent pas me condamner. Eh bien non ! Pan ! Deuxième pan !

CHAPITRE 5

DANS LES ENTRAILLES DE « LA BÊTE »

« La Bête », c'est la prison. C'est le surnom que je lui donne. Parce qu'elle est sauvage, féroce, sale, bruyante, immonde, goulue. Inhumaine. C'est une mangeuse d'hommes. Elle broie les corps, elle tyrannise les âmes. Elle joue avec vous, renie vos droits les plus élémentaires, répond à des règles aléatoires dictées au bon vouloir imprévisible d'êtres humains qui ne le sont pas. Qui ne le sont plus. La Bête est abjecte, incohérente, schizophrène. La prison vous déshumanise au point d'annihiler vos sens. Partout, la vue se cogne aux murs qu'elle a érigés. On ne voit le ciel qu'une à quatre heures par jour. On y perd le goût tant la nourriture y est insipide. On perdrait aussi l'odorat si les volutes de haschich ne venaient pas vous prendre le nez et la gorge au beau milieu de la nuit. Le toucher n'existe plus – il n'y a personne à serrer contre soi. On aimerait devenir sourd, en revanche, pour échapper à son vacarme continu, aux cris, à la folie des détenus qui hurlent et frappent le grillage de leur lucarne, aux bruits froids et métalliques des verrous qui grincent et des portes qui claquent. Le silence ne s'y fait qu'entre 4 et 6 heures du matin. La Bête dort peu.

Jusqu'au premier jour de mon incarcération, je m'en faisais une idée simpliste, celle de monsieur-tout-le-monde qui imagine qu'un prisonnier, ça glande devant la télévision en fumant des clopes. Nourri, logé, blanchi. « Ils n'y sont pas si mal, entend-on souvent. Et puis ils le méritent. » Alors non, la vie derrière ces hauts murs gris est un véritable enfer. C'est pas le Club Med. Et non, tous ne le méritent pas. J'en suis malheureusement la preuve.

J'ai injustement fait trois « séjours » en prison. Je mets des guillemets parce que je n'ai jamais bien compris pourquoi on utilise ce mot-là. Pour moi,

« séjour », c'est synonyme de vacances, ce qui est exactement l'inverse de la vie en taule, surtout lorsqu'on est innocent. C'est plus simple pour un coupable. Il a joué, il a perdu, il le sait. Pour beaucoup de voyous professionnels, le passage en prison fait partie du job. C'est une période de chômage avant leur prochain coup… Pour un innocent, c'est un supplice. Une torture physique et mentale. J'y ai traversé l'enfer, oui. Je vais vous le raconter. Paradoxalement, j'y ai aussi vécu d'incroyables moments d'humanité entre prisonniers. Je m'en serais volontiers passé. Car je n'avais absolument rien à faire là.

Une juge d'instruction en a décidé autrement, en septembre 2013, m'envoyant et me maintenant douze longs mois en détention préventive, aux Baumettes, à Marseille. En 2019, les juges du premier procès de l'affaire Air Cocaïne m'ont renvoyé dans les entrailles de la Bête, au centre pénitentiaire de Luynes, un quartier d'Aix-en-Provence. Une quarantaine de jours, le temps de faire enregistrer mon appel. Puis j'y suis retourné en juillet 2021, après le second procès. Quatre mois, toujours à Luynes, pendant lesquels j'ai tenu un carnet de bord quotidien. Pour ne rien oublier.

Aussi étrange et saugrenu que cela puisse paraître, mon cerveau a fait un *reset* de mes deux premières incarcérations. Il m'en reste des flashs. Des sensations. Un souvenir amer. Mais rien de très précis, quand j'y repense. Est-ce un déni ? Est-ce un moyen de survie pour m'éviter de raviver ce cauchemar une fois dehors ? Ai-je inconsciemment posé une chape de plomb sur ma mémoire pour ne pas basculer dans une dépression post-traumatique ? Impossible à dire. Ce que je sais, c'est qu'en 2021, à Luynes, j'ai décidé de décrire chaque jour, dans deux blocs-notes à petits carreaux, la vie au sein de ce monde parallèle ; là où rien n'est normal, là où on te prive de ta liberté d'avant, mais aussi de tes droits et de tes besoins les plus fondamentaux. Un monde où l'on subit l'existence, où toutes les décisions sont prises pour toi, où tout est soumis à autorisation. Tout juste peut-on pisser sans avoir à le réclamer… Rétrospectivement, je suis convaincu que cette correspondance avec moi-même m'a permis de garder la tête hors de l'eau, de ne pas complètement sombrer. On dit souvent qu'écrire fait office de thérapie, de libération, et permet d'évacuer les émotions, même les pires. Les frustrations, la rage, la colère. Je confirme. Je me suis humblement dit que tout cela méritait d'être raconté…

Les Baumettes, Marseille.
Premier séjour en prison

Septembre 2013. La juge d'instruction a donc trouvé bon et utile de m'envoyer en prison. Le temps de l'enquête. Le temps surtout de faire ramollir la viande. J'ai le profil du mec qui ne va pas tenir *à l'ombre*. Ça va le faire cogiter, il va craquer, il va avouer. Un grand classique. Ces gens-là sont vraiment tordus…

J'arrive aux Baumettes un peu après minuit, après quatre-vingt-seize heures de garde à vue, de détention provisoire, d'un passage express à l'hôpital pour me faire poser une sonde urinaire et un premier interrogatoire tendu avec celle qui sera mon bourreau. Je suis épuisé. Je souffre. On me jette dans une cellule sans toilettes – en même temps, je n'arrive pas à uriner – et sans lavabo. Une cage. On me donne un plateau-repas infâme que je touche à peine. Puis je m'écroule sur la dalle en béton. Je dors dans mes guenilles. Cette courte nuit ne me sortira pas de ce cauchemar.

Le lendemain matin, on me trimballe dans une autre cellule. Puis visite médicale. Le médecin des Baumettes m'ausculte. Il voit ma poche de pisse, changée car elle fuyait, puis la sonde qui me traverse l'urètre depuis une semaine et n'a jamais été remplacée. « Pardon ??? Mais vous risquez une infection ! Je ne peux pas vous laisser comme ça ! » Il m'envoie *illico* à l'hôpital nord de Marseille, dans le quartier réservé aux prisonniers. On me soigne. J'y reste près d'une semaine. Je me refais un peu la cerise. J'ai un lit, des draps propres, une douche. Je ne le sais pas encore mais cette chambre spartiate, c'est niveau hôtel cinq étoiles à côté de ce qui m'attend.

Ma belle-sœur, avocate, vient me voir. J'ai enfin des nouvelles ! Dehors, ma famille, sans aucune information depuis plus d'une semaine, se fait un sang d'encre. Mon enfer est le sien.

Retour aux Baumettes. Bâtiment D. On me gave de cachetons. La prison est la plus grande des dealeuses d'antidépresseurs, d'antidouleurs, de somnifères… On vous en donne à gogo. Car plus vous dormez, plus vous êtes amorphe, et moins vous dérangez la Bête. J'ai vu des dizaines de détenus rester allongés sur leur paillasse toute la journée, prostrés comme des animaux apeurés. Quelques semaines plus tôt, alors que j'étais en pleine dépression, un psy m'avait prescrit les mêmes médocs. J'étais méconnaissable.

Un vrai zombie. Ces machins ne sont pas faits pour moi. Je décide donc de diviser la dose par deux tous les trois jours. Et au bout d'une semaine à peine, ils finissent aux chiottes. Pas besoin de ça.

La première chose qui me frappe, c'est l'insalubrité des lieux. Les rats qui cavalent dans les couloirs, les blattes qui se faufilent partout, les draps sales changés une fois tous les quatre mois. Et puis il y a les douches… Mon Dieu. C'est limite si je ne suis pas heureux de n'y avoir accès que trois fois par semaine. On y voit quasiment les microbes frétiller sur le carrelage. C'est tongs obligatoires, au risque de choper la gangrène ou je ne sais quel champignon en moins de deux. Un jour, je propose même au directeur qu'il me donne un seau, de la Javel et un balai raclette pour briquer tout ça. Réponse : « Impossible. Vous êtes un prévenu. Je n'ai pas le droit de vous faire travailler. » La Bête nous respecte quand ça l'arrange…

Je comprends très vite que la prison, c'est d'abord une lutte avec toi-même. Tu te bats contre le fait de flancher. Tu te bats pour te lever le matin. En quelques jours, je me mets en mode « guerre ». Parce que c'en est une. Je traite ça comme ça. Je survis dans cet état d'esprit. Je suis le chef de cette guerre. À l'extérieur, les membres de ma famille sont des soldats. En pleine bataille, eux aussi. Si je tiens, s'ils tiennent, ensemble on sera forts, et ensemble, on va y arriver. Je me bats pour qu'une forme d'équilibre, vacillant, ne soit pas brisée. D'autant que les premiers jours, le premier mois, je suis persuadé que je serai dehors pour Noël. Je suis innocent ! Donc je me dis benoîtement que la juge d'instruction va enquêter, trier le vrai du faux, voir clair, s'apercevoir qu'il y a erreur et se rendre compte que je ne suis pas un trafiquant. Je suis bien naïf…

Petit à petit, je prends mes repères dans ce cube sale, sans douche, aux WC sans lunette. Cinq pas de long, à peine deux de côté. Deux hommes dans 9 m^2. Bon… Je tue le temps devant la télévision. J'écris à mes proches. C'est le seul contact autorisé le premier mois. Je n'ai pas droit au téléphone. Dur. Je me raisonne. « Accroche-toi, t'as pas le choix. »

Je m'invente un rituel « plaisir », aussi. Ces moments moins désagréables que les autres – c'est une nuance mais cette définition me paraît plus juste – sont rares. Et même inexistants, sauf à les inventer soi-même. Le mien est simple. Un café, une clope. Quelques jours après mon arrivée, je me suis posé cette question : « Qu'est-ce qui te ferait plaisir là, tout de suite, et qui est de l'ordre du réalisable ? » Fumer.

Je n'avais pas touché une cigarette depuis des années, mais c'est de ça que j'avais envie. J'ai donc commandé une cartouche de Winston. Et depuis, chaque matin, je me lève pour ce petit plaisir. Un café, une clope. En regardant la mer au loin, à travers les barreaux de ma fenêtre. Quel luxe !

Petit à petit aussi, je m'adapte, tant bien que mal, aux règles de vie de l'univers carcéral. La promenade, c'est 9 heures. Pas 8 h 55 ni 9 h 05. À toi d'être prêt sinon la porte se referme aussi sec, terminé, à demain. La ponctualité est une exigence que l'on réserve aux détenus. Bien souvent, sans savoir pourquoi, tu poireautes une heure. Voire deux. La prison, c'est l'attente. Pour se doucher, téléphoner, aller au parloir, manger… Tu patientes, à la merci du surveillant, à la merci de son caractère, de son humeur du jour. Et interdit de te plaindre, évidemment. Ni de demander une quelconque explication. T'es un taulard, ton seul droit, c'est de te taire. Et *surtout*, de ne pas faire chier.

Le seul petit avantage des Baumettes, comparé à Luynes que je découvrirai plus tard, c'est qu'on y passe pas mal de temps dehors. Dans la cour. Cet espace est un monde dans ce monde. Une jungle régie par ses codes, ses coutumes, sa hiérarchie. La première règle, c'est de ne jamais baisser les yeux, ni la tête, devant qui que ce soit. Si tu montres le moindre signe de faiblesse, t'es mort. Je dois dire que mon caractère bien trempé, ma carrure baraquée et mon mètre quatre-vingt-huit m'ont bien aidé… Les quelques fois où l'on est venu m'embrouiller, j'ai désamorcé le conflit et évité la bagarre en prévenant, cash : « Tu veux me cogner ? OK. Tu vas me mettre des coups ? Je n'en doute pas une seconde. Mais dis-toi une chose : je vais t'en mettre aussi. T'y as pensé, à ça ? Tu as dans le crâne que toi aussi, tu vas en prendre, des coups ? Que je peux te faire mal ? On ne dirait pas. Alors réfléchis bien… » Hormis quelques chicanes, je m'en suis toujours tiré indemne.

La deuxième règle, si tu veux survivre, c'est de savoir rester à ta place, et de ne pas marcher sur les plates-bandes d'un clan qui n'est pas le tien. Car oui, il y a des clans. J'ai toujours pensé que ça n'existait que dans les films. Faux. Il y a les Gitans, les Reubeus. Et les Corses. Aux Baumettes, ce sont eux qui « tiennent » le bâtiment D. Comme le clan des « P.-D.G. injustement condamnés pour trafic de coke » n'existe pas, c'est d'eux que je me rapproche. Ils m'acceptent. Parce que mes deux avocats sont originaires de leur île, déjà, ce qui me donne une bonne carte de visite. Et par accointance, au feeling. J'aime leur caractère et leurs valeurs, proches des miens. Ça peut paraître étrange, mais j'ai vécu de bons moments avec eux. Des instants salvateurs, précieux, qui aident à tenir. Comme le dimanche matin, quand chacun apporte un dessert qu'il a fait ou acheté. Des gâteaux, des Thermos de café, une table. Chacun picore dans l'assiette de l'autre. Du partage. De la solidarité. De la convivialité. En un mot, ce dont la Bête nous prive : de l'humanité.

C'est un cocon protecteur dans lequel tout le monde n'est pas admis. Je me souviens de ce jour où, pendant une partie de cartes disputée sur « notre » table en béton, un type vient s'asseoir sur « notre » banc. Pas malin, lui… G., un taulier nationaliste, type intelligent avec qui je fais du sport, haut gradé du militantisme corse, se lève. Regard noir. Il se penche sur lui. « T'es sûr de toi petit ? Vraiment ? T'as pas l'impression que tu gênes là ? » Le pauvre bougre a déguerpi en moins de temps qu'il n'en a fallu pour le lui dire…

Je suis d'autant plus intégré au clan corse que durant trois mois, je partage ma cellule avec l'un de ses membres. En préventive lui aussi, accusé de complicité de meurtre – il sera acquitté. Ce seront les trois mois les moins longs de ma détention. On parle, on se soutient moralement, on se serre les coudes. Chacun respecte l'espace de l'autre. Le partage des tâches se fait naturellement. Ça peut paraître anodin, mais dans 9 m², sept jours sur sept et quasiment H-24, tu as plutôt intérêt de t'entendre un minimum. Aujourd'hui, c'est un ami.

Un samedi matin d'octobre, dans la cour, un chef d'étage s'approche : « Faut absolument que tu viennes ! Dépêche. » Ah. Je traverse la cour. Un homme très propre sur lui, petites lunettes cerclées, s'avance vers moi : « Tu es Pierre-Marc Dreyfus ? Alors viens que je t'embrasse. Et marchons ensemble, si tu es d'accord. » Cet inconnu, incarcéré à Borgo, sur l'île, mais en transit aux Baumettes le temps de son procès, est un parrain corse. Le genre de type face auquel personne ne bronche. Les autres s'écartent d'ailleurs sur notre chemin. On marche. Que me veut-il ? Tout simplement s'assurer que tout se passe bien pour moi ici. « Je ne te le souhaite pas mais si ça tourne mal pour toi à l'avenir, demande à venir dans ma prison. C'est chez moi. Tu seras chez toi. » Je l'avoue, sa sollicitude me touche. Limite, elle me réconforte. Parce qu'à cette époque-là, alors que je suis incarcéré depuis moins de trois mois, je commence déjà sérieusement à trouver le temps long. Subrepticement, et bien malgré moi, le doute s'installe. Je vis et lutte au jour le jour, je me raccroche au soutien de la communauté et à la fraternité corse, certes, mais le soir, quand je ferme les yeux, je me projette. Et si ce calvaire devait durer ? Et si j'étais réellement condamné à une longue peine ? Et si je ne me réveillais jamais de ce cauchemar ? Je commence à envisager le pire… Dans les plus grands moments de désespoir, je m'y vois pour toujours. Quelle angoisse. Deux mots tournent en boucle dans mon cerveau. Injustice et innocence. Tout le monde le sait, sauf une juge d'instruction, qui s'acharne. Même les malfrats les plus avérés le savent. Certains me le disent, et me témoignent une forme de respect et de compassion – tous les soutiens sont bons à prendre. Un jour, je suis même alpagué par une personne bien connue du grand banditisme marseillais, spécialisée dans le trafic de stupéfiants.

— Dis-moi, c'est bien toi qui veux faire croire que tu as importé des centaines de kilos de cocaïne sur la Côte d'Azur ?

— Ah non justement. Je n'ai absolument rien fait de tout ça.

— Ah ah ah. Mais je le sais mon ami, je le sais ! Je sais que t'as rien fait. Parce que tu penses bien que si tu avais réussi un coup pareil, j'aurais été le premier au courant ! Et ce n'est pas ici qu'on se serait rencontrés…

Quel comble ! C'est le « milieu » qui m'innocente. Pas les flics. Pas cette juge. Le milieu. C'est fou. Insensé. Ubuesque.

Mais ce qui l'est encore plus, dans les entrailles de la Bête, c'est la rouerie du protocole carcéral et la malveillance de certains de ses sbires. Je ne l'accepte pas. Besoin d'un exemple ? La veille au soir d'une convocation chez la juge d'instruction, je demande l'heure du départ au maton. 6 h 30. Très bien. Le lendemain matin, à… 5 h 30, on cogne à ma porte.

— Oh Dreyfus, on y va !

— Mais je ne suis pas prêt ! Votre collègue m'a dit 6 h 30 !

— M'en fous. Bouge-toi, j'ai pas que ça à faire !

Pas le temps d'émerger, encore moins de fulminer. Je m'habille en vitesse. Mais trop lentement, à ses yeux. Il pénètre dans ma cellule – ce qu'il n'est pas censé faire, en tout cas pas sans mon accord. Il saisit mes fringues, les jette dans le couloir.

— Maintenant habille-toi, magne !

Cela fait, on marche quelques mètres. Je m'arrête.

— Il va falloir retourner à ma cellule. Je n'ai pas eu le temps de prendre mes lunettes.

— Tu te fous de ma gueule ?

— Écoutez monsieur, sans mes lunettes, je vais être incapable de lire les documents et les procès-verbaux de la juge. Mais je lui expliquerai pourquoi hein, aucun souci…

— T'es chiant Dreyfus ! Tu veux toujours avoir raison.

Lendemain matin. Je suis convoqué dans le bureau de la responsable du bâtiment. Pendant mon audition de la veille, elle a croisé mon codétenu, mon ami corse, qui n'a pas manqué de lui signaler l'incident matinal. Elle m'interroge. Puis :

— Je vous présente mes excuses pour le comportement de ce gardien. C'est inadmissible. Il a enfreint le règlement, déjà, en pénétrant dans votre cellule. Et on ne traite pas les gens comme ça. Je suis sincèrement désolée. J'ai déjà eu une bonne explication avec lui, et croyez-moi que ça ne sera pas la dernière. Je n'en ai pas fini avec lui…

Paraît-il qu'il a pris quelques autres soufflantes. J'aime autant vous dire que par la suite, quand on s'est croisés, ce gardien longeait les murs…

La prison est le reflet de la société. Il y a les bons et les méchants. Beaucoup de cons et quelques bons. La Bête les broie, eux aussi. Certains lui sont assujettis. D'autres lui résistent et conservent une once d'humanité. La règle, c'est qu'il n'y en a pas. Chaque prison possède ainsi son propre règlement. Un règlement que personne ne connaît, et surtout pas les matons. Moi si. Je le connais par cœur. J'ai cette facilité, grâce à mon métier de pilote, à vite apprendre des procédures. J'ai ingurgité des milliers de check-lists, de process d'urgence. J'ai le cerveau formaté pour imprimer dans mes neurones une foule d'informations et de données. C'est donc la première chose dont je me suis inquiété en arrivant : trouver le règlement. Complet. Pas seulement l'extrait fourni avec le kit sommaire du prisonnier (papier à lettres, timbres, enveloppes), mais son intégralité. Pas facile de mettre la main dessus, il faut bien le dire. Mais on y arrive. Je l'étudie. J'en connais le moindre paragraphe, la moindre ligne, la moindre note de bas de page. Et mon attitude est toujours respectueuse, civilisée. Je vouvoie. Je dis « bonjour, merci, au revoir ». Je mets un point d'honneur à rester digne ; je m'impose de respecter la très bonne éducation que j'ai reçue. La Bête fait perdre les valeurs les plus basiques à tous les êtres qu'elle serre entre ses griffes. Pas à moi. Je ne m'abaisserai jamais à ça. Je lui tiens tête. À ses yeux, je suis un matricule. Une série de chiffres. Aux miens, je suis Pierre-Marc Dreyfus, citoyen justiciable, père de famille, patron d'entreprise. Un être humain. Je ne demande pas à être mieux traité que les autres. Mais pas moins bien non plus. Et à la hauteur de ce que le droit m'accorde. Ce comportement perturbe les surveillants. Je suis un ovni, du poil à gratter dans leur uniforme, une épine dans leurs chaussures de sécurité. Parce que je suis irréprochable. Parce que je ne suis pas le « client » habituel. Et ça, ça les emmerde. Contrairement aux autres détenus, je ne profère jamais aucune insulte. Je ne les agresse jamais verbalement. Et je me réfère toujours doctement à ce règlement qu'ils arrangent à leur sauce. Ils disent : « Ceci n'est pas écrit, cela n'est pas autorisé. » Bah si. Je le connais, moi, le règlement.

Cette posture frondeuse, mais légale, me sert de carapace. Je suis droit, solide, impassible devant eux. Un roc.

Quand la porte se ferme et que le verrou coulisse, c'est une autre histoire. Je ne sais plus si j'ai pleuré. Sans doute que oui. Ce dont je me souviens très bien, c'est la douleur du parloir. Une meurtrissure, à chaque fois. Voir mes parents, chaque semaine, affligés, inquiets, est un souvenir dont je ne me remettrai jamais. Je ne leur dis jamais tout. Je ne réponds pas à toutes leurs questions. Je les protège. Comment leur raconter les menaces, les humiliations ? À quoi bon ajouter de la souffrance à la souffrance ? Inutile de les inquiéter plus. Je les protège.

Je sors des Baumettes sous caution le 30 août 2014. Un an. Un an, bordel ! Je mets plusieurs jours à me les sortir de la tête. Puis la vie reprend son cours. Mais clairement pas comme avant…

Centre pénitentiaire de Luynes.
Troisième séjour en prison

Tribunal d'Aix-en-Provence. 8 juillet 2021. 22 h 05. Dans deux minutes, les juges du procès en appel de l'affaire Air Cocaïne rendront leur verdict. Je suis moins serein qu'avant celui du premier procès, qui m'avait totalement désarçonné, liquéfié, jambes coupées, tant il était inattendu, inenvisageable, incompréhensible. Cette fois, je sais que je peux m'attendre au pire, que je suis à la merci de cette justice qui marche sur la tête. La veille au soir, j'ai préparé mon baluchon de taulard. Je suis rodé. Des livres, des vêtements, un nécessaire de toilette, du papier, des enveloppes, des timbres. Ce matin, j'ai bu un dernier café, entouré de ma famille, puis je suis parti en disant « À ce soir… ». Je suis gorgé d'espoir. Parce que c'est dans ma nature, même si ces dernières années ont mis du plomb dans l'aile de mon éternel optimisme. Mais surtout parce que je ne peux m'empêcher de penser qu'après des semaines de débats et qu'après l'examen de ce dossier, cette coquille vide, les représentants de la justice française vont enfin ouvrir les yeux, me disculper. Me rendre ma vie. Et enfin admettre que l'institution policière et juridique merde depuis huit ans. Les innocents sont toujours très candides… Ils ne le devraient pas.

22 h 07. Le verdict tombe. Dreyfus ? Coupable. La peine ? Même tarif qu'en première instance : 2 millions d'euros d'amende solidaire et six ans de prison ferme, à compter de… maintenant. Je vais me pourvoir en cassation mais en attendant, zou, au trou ! J'ai beau m'être psychologiquement préparé à cette sentence, son énoncé me fige le sang. Le cauchemar recommence. Les entrailles de la Bête m'attendent. Ce matin, je suis entré en homme libre dans ce lieu qui rend soi-disant la justice. J'en repars ce soir, menottes aux poignets, dans la peau du coupable. Dans la fourgonnette, les flics sont dépités. Ils savent.

Ils sont les convoyeurs d'un homme à qui le pays qu'ils servent vient de mettre une balle dans le dos. Direction le centre pénitentiaire de Luynes, à trente minutes de chez moi. Si proche, si loin…

Je suis avec Fabrice (Alcaud). Je lis la panique et le désarroi dans ses yeux. Et lui, dans les miens, j'imagine. On nous fait poireauter une heure dans l'antichambre de la Bête. Puis fouille à nu. On me débarrasse de mon nécessaire de taulard, sans que je le veuille. Mes livres, mes papiers, mes timbres, mes lunettes… C'est comme dans les films : on te dépouille de tout. On t'empêche de tout, même de bien voir. Fabrice et moi serons dans la même cellule. Un moindre mal. On nous expédie dans le quartier des arrivants. Nous ne sommes plus Fabrice et Pierre-Marc. Nous sommes les matricules 87 843 et 87 844. Nous sommes les nouvelles proies de la Bête, comme les 1 500 autres…

Vendredi 9 juillet. Petit rayon de soleil dans la nuit noire : Louis a eu son bac. Ce sont mes avocats qui me l'apprennent. Comme à chaque fois qu'une nouvelle m'arrive de *dehors*, mes émotions s'entrechoquent. La douleur et le plaisir sont comme l'eau et l'huile, elles ne se mélangent pas. Je suis évidemment fier et heureux pour mon Loulou. Mes trois fils morflent. Mais à l'inverse de ses deux grands frères, lui n'était qu'un gosse au début de cette sombre histoire. Mon petit dernier a subi les foudres de la cour d'école. Cette bonne nouvelle me ramène à ma condition, c'est une claque en pleine gueule, comme à chaque fois. Je suis en prison. Je devrais vivre ce moment si important avec lui, avec eux. Pas ici, entre quatre murs.

Je n'ai pas le temps de me réjouir ni de m'affliger que mes avocats me ramènent à la réalité. Il faut préparer la suite. Il faut se relancer dans la bataille. La justice me propose un deal : si j'admets ma culpabilité, ma peine sera aménagée, et je sortirai de cet enfer. Cette affaire prendra fin. C'est tentant. Sauf que non. Mais c'est tentant. Que faire ? Le soir, je prends un stylo. Mes deux calepins. Ici commence mon journal, mon refuge, le seul réceptacle d'une intimité dont la Bête vous prive… Des notes que je n'ai jamais relues avant d'écrire ce livre. Elles sont enrichies de mes impressions postérieures au temps des faits.

Samedi 10 juillet. Visite médicale à l'unité sanitaire. Et parloir avocat avec Fabrice. Retour en cellule à 11 h 45. Puis le vide. Le rien. Le trou porte bien son nom.

Dimanche 11 juillet. 15 h 15. Promenade. Enfin. Il fait une chaleur du diable, on croupit dans nos 9 m^2 depuis vingt-sept heures mais ça n'empêche pas le surveillant de m'ordonner d'enfiler un pantalon.

— Pourquoi ? Je vais crever de chaud !

— Parce que… Discute pas !

La tension plutôt que l'attention. C'est reparti…

On marche une heure avec Ali Bouchareb, notre voisin de cellule. Ali fait partie des accusés de l'affaire Air Cocaïne. Il a un casier lourd, des condamnations en pagaille, dont certaines en cours. Il a assisté au procès comme détenu. Je ne le connais pas. D'emblée, je m'aperçois que c'est le genre de mec qui fait ce qu'il dit et dit ce qu'il fait, sans ambages. « Oui, j'ai trafiqué, j'assume. Mais dans l'affaire Air Cocaïne, y'a rien », a-t-il dit au procès. Personne ne l'a écouté. Si on m'avait dit que je ferais des tours de cour de prison avec lui… Il nous briefe sur Luynes. Je connais déjà, pour y avoir séjourné un peu plus d'un mois de ma vie, deux ans plus tôt. Mais le Covid est passé par là et a tout chamboulé.

Lundi 12 juillet. Impossible de cantiner dans le quartier des arrivants. Ali nous fait livrer des gâteaux, du lait, des bonbons, du thon et une mangue. Je la dévore. Fabrice ne mange pas. Il est noué. Sous le choc. Chacun vit ça à sa mesure. Il mettra plusieurs jours avant de se nourrir. Moi, je tiens. Je ne sais pas comment. Je tiens, point. Jusqu'à quand ? Je ne sais pas. On est à fleur de peau. On est des bêtes en cage. Mon corps est ici. Ma tête est ailleurs. Dehors. Je pense à mes grands. À mes parents. À Estelle, une cavalière et propriétaire de chevaux que j'ai rencontrée quelques mois après ma séparation, en 2019. Elle me manque. Ça pique. Tournis permanent. Que vit-elle là, en ce moment ? Que pense-t-elle ?

À midi, on a eu du poisson pané, des pois chiches, un bout de fromage, une pêche. Le soir, omelette, légumes bouillis, céleri-rave, yaourt. Je note ça sur mon calepin. Je ne sais pas pourquoi. Ça ne rime à rien. Mais ça m'occupe.

À la promenade, on refait le match, le procès, avec Ali. Il confirme ce que je sais déjà : Pascal Fauret s'est fait emberlificoter par Castany.

Mardi 13 juillet. 9 heures. Promenade avec Fab et Ali. Je suis enfermé depuis cinq jours et je ne comprends toujours pas ce que je fous là – je ne le comprendrai jamais – mais je prends mes repères. Pas le choix.

Retour en cellule. J'ai du courrier. Ça fait *bim bam boum* dans le cœur. Une explosion d'émotions. Je retourne la première enveloppe que je saisis. *Estelle !* Quand t'es en taule, la première lettre que tu reçois est un moment hors du temps. Tu la regardes, tu la palpes, tu la retournes dix fois dans tous les sens. Tu sais qu'en la lisant, tu vas te reconnecter à la vie, la vraie, celle du monde extérieur. Tu as hâte de la lire mais tu prends aussi le temps de profiter du simple fait de la recevoir. Ça dure pas longtemps, mais au moins tu t'échappes.

Pour le coup, l'émotion me submerge d'autant plus que la lettre en question a été envoyée par la femme que j'aime. Je lis ses mots. Lentement. Je les déguste. Comme quand on ralentit le rythme de lecture d'un bon roman dont on ne veut pas trop vite connaître la fin. Je la parcours trois fois d'affilée. C'est un shot d'amour. Un menu trois étoiles. J'ouvre ensuite les lettres de Louis, de mon ami Alain et de Bruno Odos, mon pote, le pilote de l'avion Air Cocaïne. Il a été acquitté. Il est libre.

> Certains ont fêté le verdict, m'écrit-il. Mais rassure-toi, moi, ça n'a pas été le cas. J'ai mal de te savoir en prison. Je n'ai pas fermé l'œil de la nuit.

Mercredi 14 juillet. Fête nationale, jour férié. C'est-à-dire jour merdique pour les détenus, car moins de surveillants présents. 23 heures en cellule !

10 heures. Promenade. Puis miracle : nous avons enfin accès à la bibliothèque ! J'y attrape un vieux roman de Patricia Cornwell, *Monnaie de sang*, qui me permet de tuer le temps.

Défilé à la télé, puis programme quotidien : déjeuner, film, lecture, sieste, courrier. Je réponds à Bruno :

> Tourne la page et vis heureux. Tu n'es pas responsable de la mauvaise attitude de Fauret.

Son copilote, berné par ses avocats qui l'ont convaincu de dire à la barre qu'il n'avait fait que suivre les instructions de ses mauvais patrons, c'est-à-dire Fabrice et moi, a fait volte-face.

J'évacue ma rage et ma colère dans l'activité sportive. Cliché de prison. Mais on n'a que ça à faire… Je ne remercierai jamais assez mon ami Jean-Claude, qui m'a si bien préparé physiquement et mentalement durant les semaines précédant mon procès. Abdos, étirements, relaxation. Ses conseils sont mon salut.

Jeudi 15 juillet. Il y a pile une semaine (une éternité), je me réveillais, rempli d'espoir et de vœux qui n'ont malheureusement pas été exaucés. Debout à 6 h 30. Café, écriture, lecture. J'aime lire tôt le matin, quand la Bête est encore calme.

Nous sommes sans nouvelles de nos affaires restées à la fouille. Les surveillants n'ont « pas le temps », disent-ils. Pfffff.

14 heures. Promenade d'une heure avec Ali. En sa présence, impossible de ne pas refaire le match, le procès. Il confirme la réunion entre Castany, Colin et Fauret le dimanche du départ vers Punta Cana. J'enrage, une fois de plus. Ce soir, jus de pomme et burger. Salade, tomates, oignons. Mais pas de sauce…

Vendredi 16 juillet. J'ouvre l'œil à 5 h 50. La Bête dort d'un sommeil profond, elle qui est si bruyante. Le silence n'est troublé que par le chant des mouettes, que j'entends au loin. Très loin.

7 h 15. Ouverture de la porte, fermée depuis 17 heures. Le passage du surveillant réveille la

prison : bruits de clés, verrous qui claquent, robinets qui s'ouvrent, tuyauterie qui se met en branle. Un tonnerre. Les matons sont tendus. Hier soir, un gars a pété les plombs. Vers 22 h 30, il tapait encore contre sa porte avec l'énergie du désespoir face à la Bête, impassible à ses plaintes. Il a détruit sa cellule. La Bête s'est repue du malheur de ce pauvre homme…

En fin de matinée, un surveillant passe : « Dreyfus, Alcaud ! Vous êtes transférés à la MA1, il n'y a plus de place en MA4. Soyez prêts pour 13 h 30. » Douche froide. Fabrice et moi espérions atterrir – LOL – dans la maison d'arrêt (MA) numéro 4, surnommée « Respecto » parce que l'ambiance y est plus cool, en tout cas moins tendue qu'ailleurs. C'est ce qui était prévu, du reste. Y a-t-il eu un bug informatique ? une mauvaise info transmise au greffe de la prison ? On ne saura jamais. Fab en a l'appétit coupé. Ça sera la MA1, dont la cour est l'une des pires de France. On y envoie les agités du bocal dont les Baumettes ou La Farlède (Toulon) ne veulent plus. Merci la Bête !

14 h 40. Plus d'une heure qu'on patiente. Un surveillant passe enfin avec quatre gros sacs et deux packs d'eau. « Il va falloir tout porter, pas de chariot dispo. » On poireaute quinze minutes dans le couloir. Puis retour en cellule. Finalement, ça sera

15 h 30. La Bête n'a pas d'emploi du temps. Enfin si : le temps, elle l'emploie à sa guise. Entre-temps justement, on part en promenade. Ali a fait prévenir de notre arrivée en MA1. Rassurant.

16 h 10. Direction notre nouvelle cellule. 3e étage. N° 3020. On rencontre le chef de bâtiment. Ses premiers mots expliquent la raison de notre transfert dans l'enfer de l'enfer. Dans ses méandres, l'administration pénitentiaire a coché la case « condamnés » nous concernant. En vrai, nous sommes « prévenus ». Ce qui change tout. Notamment dans l'attribution d'une cellule. Mais pas le temps de s'émouvoir. Le chef, placide : « Ici, je vous déconseille la promenade de l'après-midi, qui risque d'être compliquée. Vu ce qu'il s'y passe, je ne suis pas en mesure de garantir votre sécurité. » Pardon ? Voilà qui nous promet des réjouissances… Et peut-être quelques bagarres. On verra bien. Ça ne me fait pas peur. Ce n'est pas tout : « La liste d'attente pour les activités est longue, et la bibliothèque est fermée. Voilà, au revoir messieurs. »

17 heures. Nous découvrons notre nouvelle cellule. Elle est orientée au nord – une bonne chose avec les chaleurs à venir. Le frigo et la télévision fonctionnent. Les matelas sont corrects, leur mousse d'une dizaine de centimètres nous autorise l'espoir de passer une bonne

nuit. Tout est relatif ici. Mais c'est le genre de détail qui fait penser que les heures à venir seront meilleures que les précédentes. Ou moins pire qu'après ?

Samedi 17 juillet. Première nuit sans être réveillé par des douleurs aux hanches. Objectif du jour : tenter une promenade, malgré les recommandations du chef de bâtiment. Et essayer de trouver un ou deux livres.

Dimanche 18 juillet. La promenade de la veille s'est très bien déroulée. Il y a beaucoup de jeunes. Je suis de loin le doyen de la cour et quasiment tous pourraient être mes fils !

L'auxiliaire est passé nous voir. Il s'appelle Noah. Une connaissance d'Ali. Je ne sais pas ce qu'Ali a bien pu raconter, mais tout le monde est aux petits soins. En fin de promenade, on a rencontré un « ancien » : « On est les patrons de la cour. On sait qui vous êtes. Rassurez-vous, y'aura pas de souci pour vous. » J'étais pas vraiment inquiet mais c'est toujours bon à prendre...

À la livraison du déjeuner, Noah nous fait passer trois sacs : pâtes, sauce tomate, lait, boissons, huile d'olive. Des cadeaux de bienvenue des autres détenus qui savent qu'on ne peut pas cantiner. Ce geste est incroyable. Ces mecs, qui ne sont pas des enfants de chœur et que la société a en horreur, ont un sens de la solidarité qui se perd à l'extérieur… J'en conclus cette maxime à laquelle je crois toujours : *Une « bonne » prison ne se juge pas à la salubrité de ses murs ou à la qualité des activités qu'elle consent, elle se détermine à l'aune des hommes qui l'occupent.*

Lundi 19 juillet. Lever à 5 h 50. La Bête dort. Et toujours le même train-train. 7 heures. Café, toilette. 9 heures. Promenade. On rencontre Manu, qui nous a fait passer de la nourriture. Et une poêle. Il nous dresse le topo sur la MA1. On parle aussi des centres de détention que je serai amené à choisir selon la suite que je donnerai à cette histoire. Mes camarades de prison me déconseillent la cassation. « T'as fait ta peine en zonzon, ils vont pas t'y remettre. Et t'es aménageable. Tu devrais accepter, pas te pourvoir en cassation… » J'écoute. Mouais… Mais non ! Impossible pour moi. Impossible d'accepter, d'admettre cette sanction. C'est faire aveu de culpabilité. Ça m'éviterait peut-être la prison, OK, mais après ? Je ferai comment, le matin, en me regardant dans la glace ? Je dirai quoi au type dans le reflet ? Qu'il a été lâche, qu'il a cédé, qu'il s'est trahi lui-même ? Alors non, non. J'irai au bout. Je suis innocent.

Retour en cellule. Un gradé m'apprend que je retrouve le statut de prévenu. Mais pas Fab. La conséquence, c'est qu'on risque d'être séparés. Le chef de bâtiment n'est pas du genre à faire de sentiments, et on pourrait donc très vite nous mettre chacun dans notre coin. Et on ne sait toujours pas où cela bloque…

Après déjeuner, énorme coup de flip ! Je suis envahi par une oppression physique. Je ne suis pas claustrophobe mais c'est la même sensation. Les murs m'écrasent, la cellule rétrécit, la chaleur augmente… Je crois que mon corps refuse de s'adapter à cette situation. Il refuse cette incarcération, celle de trop face à l'innocence. Il sait qu'il ne devrait pas être là et mon cerveau s'asphyxie, rien que d'y penser. Mais je ne peux rien faire, là ! Je respire, je me concentre sur un truc positif, je prends sur moi pour accepter l'inacceptable. Il n'y a pas de mots pour décrire la solitude, l'enfermement. On est au fond d'un gouffre profond qui se referme sur nous. La Bête a faim, elle vous absorbe, il est quasiment impossible de se soustraire à son appétit. Seule échappatoire : le sommeil. Je finis par m'endormir. Au réveil, cela va mieux. Sale moment. J'espère que cette crise n'était que passagère.

Que faire, et que dire, pour endiguer cette déchéance mentale ? Je tourne en boucle : que choisir entre le combat judiciaire, encore une fois, sans garantie de gagner et de perdre cette liberté, me retrouver dans le ventre de la Bête, et baisser les bras, accepter ? Un homme, un choix, deux options. Quelle galère.

Rendez-vous au parloir. L'une de nos avocates arrive avec de bonnes nouvelles : le procureur, qui a requis huit ans contre nous, inquiet d'apprendre qu'il nous est déconseillé d'aller en promenade l'après-midi, a écrit au directeur de la prison en lui demandant de s'assurer que nous sommes en sécurité en MA1. On devrait déménager rapidement. Mes avocats viendront me voir dans quarante-huit heures. Logiquement, à la Cour de cassation, un magistrat aura statué sur la recevabilité de notre dossier, autrement dit, il aura décidé s'il contient suffisamment d'éléments méritant d'être examinés pour qu'elle s'en saisisse, et éventuellement « casse » la décision de la cour d'appel. Un chemin de croix judiciaire. D'où la question : y va-t-on ou pas, en cassation ?

J'apprends aussi qu'au concours hippique de Cluny, Calife du Nevez, monté par Romain, a fait 17 points dans le Grand Prix et Félix, le cheval d'Estelle, 4 points

(14e place du classement). J'aurais aimé être là pour voir ça.

Ce soir, 30 minutes de gym. 200 abdos. Faut que j'évacue. Je vais intensifier les séances de sport…

Mardi 20 juillet. Debout à 6 h 17. Il fait beau. La fraîcheur imprègne la cellule. Et ce silence… Je profite, ça ne va pas durer. Douze jours que nous sommes ici et toujours pas moyen de récupérer nos affaires, ni d'en recevoir de la famille. La Bête se moque de ses habitants. Elle nous bouffe, nous digère et nous tue lentement. Pour le reste, notre sort ne la concerne pas. Je ne demande pourtant pas grand-chose, à part récupérer mes lunettes, mes livres, timbres, papiers, répertoire téléphonique, ma tondeuse…

16 h 30. Chaleur caniculaire. On transpire à grosses gouttes. La fenêtre reste fermée pour essayer de conserver un peu de fraîcheur. Encore une semaine avant l'arrivée des ventilos – si toutefois il en reste.

Mercredi 21 juillet. Louis fête ses 19 ans aujourd'hui. Et où suis-je ? En prison. Trou dans le cœur. Sale goût dans la bouche. L'amertume. Je ressasse. Combien de temps va-t-il encore falloir négocier avec ce sentiment d'impuissance face à une justice aveugle qui me prive de ces moments de vie… pour rien !? Combien de temps allons-nous laisser ces gens soi-disant bien-pensants et persuadés de rendre la justice prendre des décisions qui défient leur propre engagement sans aucune conséquence ? Ces gens qui se donnent des grands airs, les pires des dédaigneux, distribuent le malheur à leur aise, en toute impunité. On les laisse condamner sans preuves. Et leur histoire de doute censé profiter à l'accusé : foutaises, oui ! J'ai parcouru le dossier dans ma tête des centaines de fois. Il n'y a rien ! Zéro preuve tangible, rien ! Je les hais !

Ça me fait du bien de râler. J'ai le moral dans les chaussettes aujourd'hui, au fond du seau ! Ça ne fait pas deux semaines que nous sommes là. J'ai l'impression d'y être depuis six mois. Cette détention est bien plus dure à vivre qu'aux Baumettes. Là-bas, il y a huit ans, j'étais plein d'espoir, convaincu que ça finirait par se régler. « Désolé m'sieur Dreyfus, sincèrement, c'est un affreux malentendu. » L'enquête était en cours, rien n'était scellé. Et au pire la cour d'assises ferait toute la lumière. Et puis il restait un second round, l'appel. Désormais, je n'ai presque plus de recours. La cassation. Point. Je suis donc beaucoup plus tendu et inquiet.

Les conditions de détention ici ne sont pas bonnes. Une heure de sortie seulement. Pas d'activités, peu d'installations sportives, une bibliothèque ouverte on ne sait jamais quand. Les Baumettes, à côté, c'est Disneyland.

Aujourd'hui, je suis d'autant plus mal que j'ai très mal dormi : nos voisins de cellule considèrent que c'est la fête de la musique tous les soirs ! Tout est très bruyant ici, jusqu'à 2 ou 3 heures du matin. Outre la musique, il y a les cris, les discussions de cellule à cellule. On a le choix entre fermer la fenêtre et crever de chaud ou l'ouvrir et subir ce vacarme en plus des volutes de shit de notre voisin du dessous qui nous impose cette odeur écœurante. Peut-être pense-t-il nous aider à nous endormir, ce con…

9 heures. Promenade. Deux hommes en sont venus aux mains. La prison est un bastion d'incivilités. Les pires, ce sont les matons. La surveillante qui ne répond pas à notre bonjour. Ni plus tard à nos questions. Les sbires de la Bête sont d'une impolitesse qui fait peur. C'est eux qu'il faudrait mettre en taule. Ils y sont, vous me direz…

Jeudi 22 juillet. Réveil à 5 h 45. Petite nuit. Nos voisins ont encore braillé jusqu'à 2 heures du matin.

La lumière jaune qui inonde la cellule annonce la chaleur qui nous étouffera bientôt. Pas le moral. Ça va être une journée de merde. Ma mémoire a déjà du mal à se souvenir du vrai goût de la vie, remplacé par celui de la Bête, âcre et amer à la fois.

7 h 45. Je suis assis sur les toilettes – pas besoin de faire un dessin. Sans prévenir, un surveillant ouvre la porte et tombe nez à nez sur moi. Un être humain normal et civilisé se serait excusé de cette intrusion, aurait aussitôt refermé, serait repassé plus tard. Pas lui. Laissant le battant grand ouvert et détournant tout de même le regard, il nous annonce l'heure du parloir. Quelle urgence ! Ça ne pouvait pas attendre, non ? Imaginez ma gêne, l'humiliation, là, posé sur le trône, le pantalon sur les chevilles, face à ce surveillant qui se contrefout du mot « pudeur ». La Bête ne l'a pas éduqué à la plus élémentaire des politesses. Nous ne sommes que des prisonniers, des rejets de la société, des moins que rien. Même chier tranquilles nous est interdit…

10 h 30. Au retour de la promenade, une surveillante nous apprend notre transfert immédiat pour la MA4. Le chef de bâtiment, qui ne sait pas que nous avons été informés de l'intervention du procureur, se donne le beau rôle et croit la jouer grand seigneur :

« J'ai tout de suite pensé à vous quand j'ai su qu'une cellule était libre. » Abruti. Encore un résistant de mai 1945…

Nous héritons donc de la cellule 402. Le frigo et la télé fonctionnent. Mais pas le téléphone ! C'est *le* petit « privilège » (qui est un droit, en vérité) que nous attendions avec impatience. Il faut évidemment que l'appareil soit en panne ! Le sort (et la désinvolture de l'administration pénitentiaire) ne nous épargne donc rien…

On se lance tout de même dans un grand nettoyage de printemps, avec les moyens du bord. Nous n'avons ni pelle, ni balayette, ni brosse à chiottes. Décrassage des bouches d'aération, soigneusement obturées par les précédents occupants qui ont passé l'hiver dans les lieux, ramassage des morceaux de verre. Il manque des oreillers. La MA4 a visiblement baissé de standing. Seul réconfort : c'est plus calme, on devrait mieux dormir.

Vendredi 23 juillet. Aujourd'hui plus que jamais, je me suis senti seul. Abandonné. Vide. Mon mental ne tient qu'à un fil. Le sport m'aide à ne pas sombrer. 45 minutes intensives ce matin. 300 abdos. Je perds du poids. La prison est le meilleur des régimes. On ne déjeune pas, on ne dîne pas, en taule. On se nourrit. En quatre minutes chrono. Omelette, thon, tomates ce midi. Taboulé, salade verte ce soir. Un yaourt glacé au caramel me remonte le moral – voilà où j'en suis. J'écris à Estelle. Elle me manque terriblement. J'ai peur de la perdre.

Samedi 24 juillet. À la promenade, je me prends le bec avec un type venu me dire que mon avocat, qui fut aussi le sien, est un « enculé ». Ce type a pris dix-huit ans, il estime avoir été mal défendu. Pas d'accord avec lui. Je l'ai calmé direct. Il ne sait pas qu'il a failli prendre ma colère, ma rage, ma frustration en pleines dents.

Dimanche 25 juillet. Rebelote : le jeune toto de la veille est revenu me chercher des noises au sujet de notre avocat. Je n'ai pas répondu… À midi, rituel du dimanche : apéro ! Enfin apéro, c'est un bien grand mot : Lipton Ice Tea à la pêche accompagné du plus infâme des saucissons à l'ail. L'après-midi, j'évite la promenade et reste lire en cellule. J'ai avalé deux bouquins pendant le week-end. Fabrice remonte, il a assisté à une bagarre… Une semaine de terminée ! Une de moins. Je compte tout. Parce que chaque semaine, chaque jour, chaque minute, chaque seconde passés me rapprochent de la sortie. Je reprends (un peu) du poil de la bête : oui, il y aura une sortie !!!

Lundi 26 juillet. Huit lettres au courrier ce matin. Pas de nouvelles d'Estelle, cette fois. Fabrice a reçu un pli de l'administration pénitentiaire qui l'informe qu'aucune demande de téléphone de sa part n'a été enregistrée. Il est dans tous ses états. La Bête est sans pitié. On regarde les Jeux olympiques à la télé, comme des millions de personnes *dehors*. Ça nous fait un point commun. Mais c'est bien le seul. Ils sont libres, eux…

Mardi 27 juillet. Rendez-vous à l'unité sanitaire pour une prise de sang ce matin. J'y croise un jeune homme, amputé de la jambe, mal soigné, qui hurle sa détresse. La Bête n'a pas prononcé le serment d'Hippocrate… donc elle s'en fout. Et elle n'est pas très à cheval sur l'hygiène et la propreté. C'est un comble : cette partie de la prison de Luynes, qui est par ailleurs plutôt clean dans son ensemble, est étrangement la plus sale et la plus insalubre. Avant d'y pénétrer, on doit d'abord longuement patienter – et même chose avant d'en sortir – dans l'un des dix mini-cachots qui servent de salle d'attente. Trois mètres carrés sans fenêtre uniquement éclairés par la vitre translucide de la porte. Nous sommes parfois quatre ou cinq à y patienter. Et vous pensez bien, pas un magazine ou un journal à portée de main pour se changer les idées. Par chance, ma bonne santé a fait que je n'ai jamais eu besoin d'y mettre souvent les pieds. J'aurais peut-être dû m'inventer quelques maladies, car ce cachot qui n'a l'air de rien ouvre une porte vers ce qui manque le plus en prison : la vie « normale ». Compétent et empathique, le personnel médical ne vous considère en effet pas comme un quelconque matricule et encore moins comme un repris de justice. Il s'adresse à ce que l'on reste, taulard ou non : un être humain. C'est une bouffée d'air frais autant qu'une volute de réconfort. Un moment fugace. Mais ô combien précieux.

Quelques heures plus tard, j'apprends que je suis enfin autorisé à récupérer mes effets personnels dont on m'a privé le jour de la fouille… Trois semaines après mon incarcération ! Mais attention : autorisation ne veut pas dire effet immédiat. Le temps de la prison n'est pas celui du dehors. Une minute vaut des heures, qui valent des jours, qui eux-mêmes valent des semaines… Et puis la Bête est schizophrène. Ce qu'elle accorde d'un côté, elle le dénie de l'autre. « Je suis seul à l'étage, me dit un maton. Je t'apporte ça quand j'ai le temps. Fais pas chier, Dreyfus. » La Bête est paresseuse.

Mercredi 28 juillet. Debout à 7 heures. Direction le « stade ». C'est un quart de terrain de foot en synthétique, *grosso modo*, sur lequel les jeunes courent après le ballon. Moi, je cours autour. En rond. Mais je cours…

Petit miracle inespéré : Fabrice reçoit sa carte de téléphone. Il y a deux jours, la Bête l'informait qu'elle n'avait pas eu connaissance de sa demande. N'importe quoi… Toujours est-il qu'il va pouvoir parler à sa famille, c'est le principal. Moi non. Il faudra encore et encore faire preuve de patience.

Autre réjouissance du jour : la réception de notre première « cantine ». Enfin ! Il manque des choses, notamment un des deux ventilateurs. La Bête a pris sa dîme. Mais le frigo est plein, les placards aussi, l'appareil nous apporte un peu d'air et de fraîcheur. C'est quand on en est privé qu'on se rend compte de la valeur des petites choses. Un ventilo, des courses. C'est rien. En prison, ça change l'existence. On passe de l'asphyxie à des conditions de vie un peu plus agréables. Le moral s'en ressent.

Jeudi 29 juillet. Tôt ce matin, je m'inquiète de mes affaires auprès du surveillant d'étage, à qui je montre le document, signé de sa directrice, donnant l'ordre au personnel de faire le nécessaire. Il tire la tronche. Soupire : « Faut voir ça avec le gradé. Et puis pourquoi mon collègue ne l'a pas fait hier ? Je suis occupé, là... » Puis il repart, sans un mot.

8 h 30. En allant au stade, je tente ma chance auprès d'une surveillante. Je lui explique pour son collègue. Elle lève les yeux au ciel. « Je vois... C'est pas le meilleur, lui ! Je m'en occupe, je vais y aller. » Ah, tiens, quelqu'un de sympa.

Après une bonne heure de marche et de footing, j'aperçois le surveillant, celui qui se disait débordé, en train de... fumer une clope.

— Ton sac est là-haut, c'est bon, dit-il, tout fier.

Quand j'arrive à ma cellule, la surveillante est là.

— Mauvaise nouvelle, je n'ai pas pu récupérer vos affaires en fait, désolée.

— Madame, je vais me mettre à pleurer devant tout le monde...

Elle éclate de rire.

— Je vous fais marcher, le voici, votre sac !

Je souris. Bonne blague. Certains serviteurs de la Bête ont encore un peu de compassion, un peu de chaleur humaine. Ce n'est clairement pas le cas de celui de ce matin, à qui je suis encore obligé d'avoir affaire pour qu'il me « libère » à 11 h 25. J'ai rendez-vous chez le médecin pour le résultat de mes analyses de sang. « Oui, oui, OK… » Je vois bien qu'il s'en bat l'os. Et ça ne loupe pas. 11 h 20. Il n'est pas là. Je sonne. 11 h 23. Toujours rien. 11 h 27. Devinez… Je fulmine. Je sonne, encore et encore. 11 h 39. Le verrou s'ouvre. Il vient distribuer la gamelle du midi. « Vous m'avez oublié. » Pas un mot d'explication, encore moins d'excuse. Je ne verrai pas le médecin aujourd'hui…

Lecture, écriture, télé. La même rengaine. Nouvelle séance de sport à 18 heures.

Sinon ? Bah rien. Malheureusement rien.

Vendredi 30 juillet. Mon moral fait le yoyo. Il y a deux jours, je pensais être ragaillardi. Aujourd'hui, il est au ras des pâquerettes. Le temps est long, désespérément long. Je ne me débarrasse pas du goût acide de l'injustice. Comment est-il possible d'être en prison quand on n'a rien fait de mal ? Si seulement je pouvais entendre mes proches, qui n'ont toujours pas le droit de me rendre visite. Je ne peux encore pas téléphoner. Ce matin, un courrier m'a appris qu'il fallait attendre l'accord du juge. Pourquoi ? Je ne sais pas. Cet après-midi, un surveillant est venu m'apporter un formulaire pour refaire ma demande. Car il n'y a pas de trace de la première, visiblement. La Bête est incompétente et menteuse ! Elle se moque de ses locataires. Qui est le numéro 87 844, pour elle ? Personne.

Samedi 31 juillet. Impossible de fermer l'œil la nuit dernière. Les voisins ont fait la fête toute la nuit. Pas la force ni l'envie d'écrire. RAS.

Dimanche 1er août. Je vais à la promenade sans Fab. Il reste couché, comme hier. Il encaisse mal la détention, lui aussi. Les premiers jours, il ne s'est pas alimenté. C'est allé mieux ensuite et désormais, comme moi, il vit les montagnes russes.

Midi. Apéro. Une Heineken sans alcool. Un placebo sans goût surtout, oui ! Déjeuner. Sieste. Fab part en promenade, mais revient au bout d'un quart d'heure. J'ai assez de mes propres soucis, mais je me fais du mouron pour lui. Moi, je suis resté regarder la Formule 1, le grand prix de Hongrie. Ça commence mal : Canal + plante après les tours de chauffe. La connexion revient au bout de quinze minutes. Ouf ! Super grand prix conclu par la victoire du Français Esteban Ocon, qui m'a permis de m'évader pendant deux heures. C'est ça de pris. Merci gamin !

Lundi 2 août. Mauvaise pioche, aujourd'hui : notre surveillant d'étage est celui que l'on surnomme « Black M », parce qu'il a une vague ressemblance avec le rappeur, il ne sert… à rien. C'est l'un des pires.

Promenade. Une heure trente de marche rapide avant un rendez-vous avec le chef de bâtiment pour tenter de régler cette histoire de téléphone. Ça ne l'intéresse pas du tout. Il s'en fout. C'est pas ses oignons.

— Je n'y peux rien, c'est le juge qui n'a pas répondu.

— Mais mes avocats m'ont montré le mail indiquant que tout est OK, que le parquet a validé ma demande !

Cet homme doit bien avoir un cœur. Je tente donc de jouer sur sa corde sensible, en lui expliquant que je n'ai même pas pu féliciter mon fils pour son bac, ni souhaiter son anniversaire. Rien n'y fait. Rien à foutre. Je vais devoir attendre. Retour en cellule. Déjeuner, sieste, télé, lecture, écriture, sport, dîner, re-télé, re-lecture, dodo. Toujours les mêmes mots, toujours les mêmes « occupations » qui ne tuent pas l'ennui.

Mardi 3 août. La nuit a été agitée. Un gars, cas Covid, a pété les plombs apparemment. Hormis deux cellules, notre étage est occupé par les détenus « Coronavirus », donc placés en isolement. Les mecs craquent souvent. À 5 h 30, on entendait encore des voix, des portes et le grésillement de talkies-walkies dans le couloir. Un putain de raffut.

Réveil à 6 h 45 – ici, c'est une grasse mat'. Au stade, j'apprends une terrible nouvelle : le lieutenant m'informe que, c'est une certitude, personne, à l'extérieur, n'a vérifié si ma demande pour la téléphonie avait réellement été enregistrée.

J'évacue ma colère en courant, c'est ma seule échappatoire. La course à pied n'est pas mon sport de prédilection, loin de là. Ici, c'est ma meilleure alliée, mon antalgique, mon anti-dépresseur. Chaque foulée m'aide à rester mentalement en vie. « Et la vie, c'est le mouvement », comme dit Brad Pitt dans World War Z. Alors je cours… Une heure dix ponctuée de sprints pour me défouler un maximum. J'ai envie de chialer, pour de vrai. À ce moment précis, une angoisse me bousille le moral : dehors, m'ont-ils déjà oublié ? Je me ressaisis vite. « Beh non, couillon ! Demain, t'as parloir avec Estelle ! » C'est le premier – autre qu'avec mes avocats. Je sais que ça ne durera pas assez longtemps, mais je vais enfin me reconnecter à la vie, la vraie, celle de dehors, celle d'avant. Je suis plus impatient qu'un enfant avant l'arrivée du Père Noël.

Mercredi 4 août. Réveil à 6 h 30. Je m'apprête comme un jeune homme avant son premier rencard. Avec les moyens du bord, évidemment. Le temps de ce parloir, je vais retrouver ma qualité d'être humain. Le temps de me faire le plus beau possible, je me remémore une phrase lue dans la biographie de Nelson Mandela que je dévore depuis deux ou trois jours. Quel homme. Quel courage. On est des amateurs à côté de lui, on ne boxe pas dans la même catégorie. Loin de moi la prétention de me comparer à cette grande figure de l'histoire injustement emprisonnée durant vingt-sept ans, j'ai simplement relevé une phrase qui résonne terriblement en moi.

La prison ne vous vole pas seulement votre liberté, elle essaie aussi de vous déposséder de votre identité. Chacun porte le même uniforme, mange la même nourriture, suit le même emploi du temps. C'est par définition un état purement autoritaire qui ne tolère ni indépendance, ni individualité. En tant que combattant de la liberté et en tant qu'homme, on doit lutter contre la tentative de la prison de vous dépouiller de ces qualités.

Mandela met des mots sur mes maux. Tout est dit.

Je quitte la cellule à 7 h 55. On y est. Je vais revoir Estelle ! La dernière fois, c'était le 8 juillet, au matin du verdict. J'étais – nous étions – empli d'espoir et de confiance en la vérité, qui me mènerait vers cette chère et précieuse liberté. Que de désillusions, depuis.

La Bête estimant sans doute que ce moment à passer avec la femme que j'aime est une faveur et non un droit (serait-elle jalouse ?), elle me fait languir une heure en salle d'attente. Le temps de me torturer l'esprit de mille questions. Estelle, cette jeune femme brillante et talentueuse qui a l'avenir devant elle, ne mérite pas de vivre cette histoire contrariante et cet amour contrarié. Va-t-elle me dire que c'est trop pour elle, tout ça ? Je la comprendrais… Je m'en veux presque que cette idée m'ait effleuré l'esprit car durant cette heure qui m'a paru une minute, ce tête-à-tête poignant, cette parenthèse intime et enchantée qui nous appartient et dont, pardonnez-moi, je ne dirai rien, elle m'a témoigné tant d'amour, de solidarité et de soutien que je m'en émeus encore aujourd'hui. Ce que je peux dire, c'est que j'en ressors regonflé à bloc, vaillant, déterminé. J'ai l'œil du tigre. Je suis Rocky, Spartacus et Jean Moulin réunis. Je vais me battre. Résister. Affronter la Bête, droit dans les yeux. Je vais tenir. Pour moi. Pour mes mômes. Pour mes parents. Pour mes amis. Pour elle.

Jeudi 5 août. Un bonheur n'arrive jamais seul : j'ai reçu ma carte de téléphone ! Il aura fallu un mois. C'est con hein, quand on y pense. *Dehors*, c'est rien, un mois. *Dehors*, c'est rien, un coup de fil. On s'appelle et on s'envoie des messages pour un oui ou pour un non. Pour dire « je t'aime » comme pour rappeler à l'autre de passer prendre du pain. C'est un truc anodin, banal, normal. En prison, c'est une capsule de bonheur, un mini-shot d'adrénaline. Un luxe.

8 h 30. J'active ma carte de téléphone. Je pourrai appeler dans vingt-quatre heures. À l'aune de la prison, c'est *peanuts*.

Je sors courir. J'enchaîne les tours. Je progresse. Le moral aidant, j'ai l'impression de voler. Retour en cellule. Je finis d'une traite le bouquin de Madiba.

Je m'envoie 400 abdos. Je crois bien que je vais mieux.

Vendredi 6 août. J'ai l'oreille collée à l'écouteur. Une sonnerie. Deux. « Allô ? » La voix d'Estelle. « C'est moi, c'est Pierre-Marc. Ça y est, j'ai accès au téléphone ! » Trémolos dans nos voix. On s'est vus avant-hier. Mais ce premier coup de fil est une victoire contre la Bête. Parce qu'on sait que désormais, il y en aura d'autres, des instants au téléphone. Je préférerais les passer dans « l'intimité » de ma cellule, et pas devant tout le monde, mais on s'en contentera. On savoure. Puis j'appelle la terre entière. D'abord, mes parents. J'appréhende ce moment qui sera évidemment chargé en émotions. Mon père décroche. Il fond en larmes. Moi aussi. On ne s'est pas parlé depuis plus d'un mois, mais on se dit finalement peu de choses. Que raconter, justement ? Que je vais mal ? Que c'est dur ? Ils le savent. Pas la peine d'en rajouter. Je les verrai bientôt au parloir, où je retrouverai enfin Vincent et Louis cet après-midi. Ce sera le dernier sans le plexiglass qui séparera bientôt détenus et visiteurs – foutu Covid. Départ à 13 h 55. J'avais rendez-vous à… 13 h 20 ! Ça ne devrait même plus m'étonner… Quel bonheur de serrer mes deux grands gaillards dans mes bras. Ça me fait un bien fou ! Ils ont l'air en forme. Ils tiennent le coup, ce qui me donne de la force, me rebooste. Eux aussi s'opposent au pourvoi en cassation, comme tout le reste de la famille, du reste. Cela ne m'aide pas à y voir plus clair. Tous voudraient que tout s'arrête au plus vite. Je les comprends. Mais j'ai vraiment du mal avec l'idée d'abandonner ma quête de justice, de vérité. Ça fera de moi un condamné à vie. Ça restera gravé à jamais. J'assumerais si j'étais coupable, j'ai toujours eu le sens des responsabilités. Je purgerais ma peine sans broncher. Sur le chemin de ma cellule, un surveillant m'autorise à téléphoner et laisse même mon clapier grand ouvert. Ce que l'un interdit, l'autre l'autorise. La Bête est bicéphale. Et pas organisée.

Réception de notre cantine : j'avais commandé des fruits frais, une brosse à dents, du dentifrice, un stylo… J'ai reçu des cigarettes et un ventilateur. Montant de la facture : 100 euros, dont 80 de tabac que je n'ai pas demandé – ici, je n'ai pas repris mon rituel café clope des Baumettes – et qui m'a tout de même bouffé tout mon pécule. Manifestement, il y a un bug dans la matrice. Problème : mon solde, du coup, n'était pas suffisant, ce qui a empêché de valider ma commande.

Je râle, mais personne ne m'écoute. Ils ont raison, j'ai tort. Point. *Discute pas, Dreyfus.*

Samedi 7 août. À l'inverse de dehors, il ne se passe absolument rien le week-end. Déjà que la semaine ne s'écoule pas vite, le samedi et le dimanche, c'est dix fois pire. Ça me laisse le temps de terminer une biographie de Winston Churchill. Sinon, c'est le néant.

Dimanche 8 août. Deux sacs d'affaires traînent dans le couloir. Un dimanche ? Bizarre. On apprend qu'ils sont là depuis hier, mais aucun surveillant n'a jugé opportun de nous les apporter. J'y trouve notamment quelques livres et un de mes T-shirt qu'Estelle a aspergé de son parfum. Une odeur qui me donne du baume au cœur.

J'appelle Vincent, qui me dit que Bernard Tapie, dont je suis justement en train de lire le livre, a laissé un message de soutien à Romain. Guillaume Canet, qu'il croise souvent lors des compétitions hippiques, me transmet aussi ses amitiés. « Faudra en faire un film, de cette histoire », lui a-t-il dit. Sympa.

Lundi 9 août. 9 heures promenade. 11 h 30 repas. 14 h 30 promenade. 17 h 30 repas. Comme en Ehpad.

Quelle vie monotone ! Quel ennui ! L'après-midi, on reçoit la visite d'un surveillant sympa, réglo, qui avait tenu à nous raccompagner jusqu'à la sortie lors de notre libération, en 2019. Je pensais qu'il avait été muté. En fait, il était tout simplement en vacances. C'est bien qu'il soit là. Je vois le chef de bâtiment, un peu plus tard, pour ce problème de commande. Il reconnaît qu'il y a eu erreur, ce qui ne veut pas dire que je vais la recevoir. C'est injuste. Mais c'est comme ça. Et le téléphone de notre cellule, en panne depuis notre arrivée ? La société privée chargée de le réparer viendra… quand elle viendra. Circulez.

Mardi 10 août. C'est notre « pote » surveillant qui est de garde aujourd'hui. Avec lui, tout est plus simple. C'est fluide, normal. La journée devrait donc bien se passer. J'ai prévu d'aller courir une heure quinze. Espérons qu'il ne fasse pas trop chaud.

14 heures. Parloir avec ma mère et Romain. Le plexiglas a été posé, ce qui me laisse un espace équivalent à une cabine téléphonique. Le temps est long en prison, sauf dans ces moments-là, qui passent comme l'éclair. J'ai du mal à regarder ma mère dans les yeux. Ça fait si mal de la voir se dire : « Mais qu'est-ce que mon fils fait là, dans cet enfer ? » Elle

m'a apporté une nouvelle paire de baskets, celles reçues dimanche sont trop petites. On a droit à une paire par trimestre, je n'ai décidément pas de bol. Je compte rendre les miennes et récupérer les nouvelles. Refus du surveillant. « Pas de contact, pas d'échange. Rapporte-les la prochaine fois. » Ah. La Bête a autant de règles qu'elle a de surveillants…

Mercredi 11 août. Toujours aucune nouvelle concernant la réparation du téléphone. Alors je tente de négocier avec un surveillant : « Notre voisin de cellule passe en procès. On pourrait peut-être utiliser le sien… » Miracle : le type est dans un bon jour. Il accepte et laisse les portes ouvertes une bonne partie de l'après-midi. On lui offre un café. On n'est pas des bêtes, nous.

Jeudi 12 août. Pas de surveillant disponible pour la promenade. Donc pas de stade. Super… À 11 h 30, je demande l'accès au téléphone commun. C'est non. « Mange ta gamelle d'abord. » À 13 h 30, je retente ma chance avant mon parloir avec ma mère et Louis cette fois, dans trente minutes. « Je ne vous ai pas oublié pour le téléphone, mais j'ai été débordée. Et puis j'ai pris ma pause… » Tu parles !

16 h 30. Un surveillant m'apporte le sac laissé… deux jours plus tôt par ma mère et Romain – il lui a donc fallu quarante-huit heures pour faire tout ce chemin… Des T-shirts, un bas de survêtement, *Guerre et paix* de Tolstoï, le dernier Paulo Coelho, le magazine *Voiles et voiliers* dont la lecture me fait un pincement au cœur parce que j'aurais pu m'en offrir quelques-uns, des beaux bateaux, avec les frais d'avocat dépensés depuis dix ans. Il y a aussi un torchon et une serviette. Ce n'est rien, dehors. Ici, tout compte.

Vendredi 13 août. Aujourd'hui, des millions de Français superstitieux vont jouer au loto. Nous aussi, on décroche le gros lot : la salle de muscu est enfin rouverte ! On ne laisse pas passer notre chance. Grosse séance. Je m'affûte – j'ai parloir à 14 h 30 avec Estelle, qui pour moi fait un long trajet aller-retour. Cette femme est incroyable. Elle me donne tant de force, d'énergie, d'espoir. Elle arrive à me faire rire. Elle ravive ma confiance, perdue, en l'être humain.

Ce soir, je prépare une poêlée de courgettes agrémentées d'ail, d'oignon, d'huile d'olive et d'un coulis de tomates. D'habitude, Fabrice n'aime pas ça, les courgettes. Il en a repris deux fois.

Samedi 14 août. Grosse nuit. 23 h 30-7 h 50, d'une traite. Du jamais-vu. En remontant de la promenade, un surveillant… dort. C'est donc un « auxi » (un détenu qui travaille et fait une partie du boulot des surveillants) qui le remplace. Le bougre nous oublie et passe finalement à 12 h 40, après qu'on a sonné à s'en bousiller les tympans, avec du pain et deux barquettes dont je ne sais décrire le contenu. La Bête doit se dire qu'on est à la diète…

L'après-midi, Fab est censé passer un coup de fil à ses enfants. Refus du surveillant, un jeune biquet inconnu au bataillon. Pourquoi ? Parce que. Sérieux ? Oui. Je sors de mes gonds :

— Ça fait un mois qu'on est privés de téléphone, on n'attend que ça toute la journée, de parler à notre famille, et vous refusez, comme ça, sans raison ?

— Oui.

— Mais vous leur dites quoi, à vos mômes, le soir, en rentrant du boulot ? « Aujourd'hui, papa a empêché un monsieur de parler à ses enfants et il est très fier de lui » ?

Ce ne sont que des hommes, usés par la Bête, et pour rien au monde je ne voudrais être à leur place mais quand même… Un minimum de compassion, c'est trop demander ? Désespéré, Fab s'écroule sur sa paillasse. Ce soir, il ne mange rien. Il cuve son chagrin, sa douleur. Dans un silence lourd qui me retourne le bide.

À minuit, pendant sa ronde, le surveillant jette un regard dans l'œilleton de notre cellule et plutôt que d'allumer brièvement la lumière pour vérifier que tout va bien, il trouve drôle de garder le doigt sur l'interrupteur. L'intense lumière blanche du plafonnier nous réveille, évidemment. Sale type.

Dimanche 15 août. Querelle de chiffonniers pour téléphoner. Sinon, rien.

Lundi 16 août. Muscu de 8 h 30 à 9 h 30. Coups de fil obtenus de haute lutte. Et ô joie, une première visio. Vingt courtes minutes avec Estelle. Gym. Dîner. Journal télévisé. Les talibans ont repris le pouvoir. Et vont soumettre les femmes à une servilité qui m'écœure. Les hommes ont de nouveau droit de vie et de mort sur elles. Et visiblement, partout dans le monde, silence radio. « La situation sur l'aéroport de Kaboul est une honte pour l'Occident », dit le chancelier allemand. Pour l'Occident ? Il a raison mais pourquoi réduire ce drame à l'Occident ? Je me garde bien d'esquisser la moindre comparaison ou un quelconque parallèle entre mon sort et celui de la population afghane. Juste une réflexion : le monde pense à l'envers.

Mardi 17 août. Je cours une heure vingt, sans marcher. Physiquement, je suis en forme, c'est déjà ça. Puis j'ai Vincent au téléphone. Je me plains.

— J'en ai marre. Je suis là depuis un mois et demi et il ne se passe rien. Rien.

— Papa, dis-toi que ce sont des jours que tu n'auras plus à faire…

— OK, mais je n'ai rien à faire, là !

— Tu ne serais pas là si tu avais descendu Fauret au procès. Lui ne s'est pas gêné pour le faire…

— Je n'ai fait que respecter les principes auxquels je tiens, Vincent. La loyauté, la dignité, c'est tout ce qu'il me reste ici…

— Oui je sais mais pffff…

Le ton monte un peu.

— Bon, mon grand, je dois raccrocher là, la surveillante m'ordonne de retourner en cellule.

— Ta cellule… T'as que ça à la bouche quand je t'appelle, c'est lourd.

Je raccroche, le cœur gros. Il ne se rend pas compte de ce que c'est d'être ici, il ne mesure pas par quoi on passe, ce qu'on nous fait vivre, que j'ai essuyé deux refus et poireauté une heure et demie avant de pouvoir l'appeler. Ça me tracasse qu'on se soit pris le bec. Je ne lui en veux pas, bien évidemment. Et cette légère embrouille, comme en ont tout père et fils, est un petit mal pour un grand bien : elle me raccroche à la vie. La vraie.

Mercredi 18 août. Pas de stade aujourd'hui. Je ne sais pas pourquoi. Dommage, j'ai les nerfs en boule. 14 heures. Départ pour le parloir avec Louis, que je vois… deux heures plus tard ! J'ai attendu. Lui aussi. Il aura eu le temps de s'imaginer les pires scénarios. La Bête malmène autant ses détenus que leurs visiteurs.

Jeudi 19 août. Toujours pas de stade. Bizarre. Je m'en inquiète. « T'es pas sur la liste. » La liste ? Quelle liste ? Aller courir est ce qui fait que je me lève chaque matin. Entre ces murs, c'est ma seule occupation. Et on m'en prive pour une histoire de liste à laquelle je ne comprends rien ? « Fais pas chier Dreyfus, t'as déjà de la chance d'être là, donc la ramène pas, merci. » *De la chance ? Pardon ?* J'embraye sur le téléphone, quelques minutes plus tard, en voyant le « chef ». Je lui dis que je vais finir par faire intervenir mes avocats face à tant de brimades quotidiennes. Il répond : « Mais t'as rien d'autre à faire ? Tu ne vas pas déranger tes avocats pour des trucs aussi anodins, si ? » Anodin ? *Anodin ?* J'ai envie de l'attraper et de lui faire faire trois fois le tour de son slip sur lui-même, façon Lino Ventura. Je n'en ferai rien, évidemment.

Sinon, aujourd'hui, un détenu s'est pendu, à trois cellules de la nôtre. Tout va bien…

Vendredi 20 août. Ce jour est à graver dans les annales de l'administration pénitentiaire. Un téléphone, *le nôtre*, a été réparé ! Alléluia. Pour cela, il aura fallu un courrier de nos avocats, adressé au directeur de la prison… mardi dernier, il y a donc trois jours. Nous avons benoîtement fait confiance au chef de bâtiment, pendant un mois, pour résoudre ce problème. Qui a donc été réglé en haut lieu. Branle-bas de combat pour… un téléphone. Bref. Notre vie ici va changer : on va pouvoir appeler quand bon nous semble, autant qu'on veut. Enfin presque : le forfait mensuel coûte 40 euros pour dix heures d'appels vers un fixe ou cinq vers un portable. Comme tout le reste, c'est bien plus cher que dehors, mais ça signifie tellement pour nous.

Samedi 21 août. Les week-ends sont très longs. Comme un dimanche sans foot. Sauf que désormais, on a le téléphone, ce qui change tout. On passe des coups de fil à gogo. Mais on ne pète pas dans la soie pour autant. À la réception de notre cantine, il manque la brosse à dents. Pour la troisième fois. « Patience et longueur de temps font plus que force ni que rage. » Quel est le crétin auteur de ce proverbe ?

Dimanche 22 août. Romain gagne à Verbier. À part ça, rien.

Lundi 23 août. Alerte à Luynes ! Le Covid prolifère. Pas étonnant, si c'est le cas. Une prison est un vase clos, donc un cluster. C'est le cas ici. Les détenus ne sont pas vaccinés, et quand un cas est avéré ou suspect, on le renvoie tout de même en cellule auprès de son coloc qui lui-même refile le virus en promenade, etc.

Mardi 24 août. Stade fermé. Une fois de plus. Je décide de courir dans la cour de la promenade. Je tourne en rond dans ce petit périmètre. C'est ridicule. Ça ricane. M'en fous. Stade ou pas, je ne laisse plus personne gérer ma vie, mon corps.

Ce soir, ascenseur émotionnel au téléphone. Mon avocat m'apprend que l'audience pour ma demande de mise en liberté aura lieu le 20 octobre. Je connaîtrai donc mon sort le lendemain de ce rendez-vous, qui se fera en visio. Mais seulement dans deux mois. Deux mois. Deux mois de trop. Coup de poignard.

Mercredi 1er septembre. Une semaine sans écrire. L'annonce de la date de mon audience m'a mis KO. Et puis que dire, que raconter, en dehors des litanies quotidiennes ? Ah si : jeudi, j'ai eu une violente altercation avec un « auxi » qui, dans un langage fleuri dont je vous épargne la teneur, reprochait à Fab de ne pas enfiler son masque suffisamment vite à son goût et lui parlait très mal depuis plusieurs jours. Je n'ai pas pu m'empêcher d'intervenir :

— Mais t'es qui toi pour lui parler comme ça ?

— Ferme ta gueule fils de p*** ! D'où tu me parles, toi ?

— Fais juste ton job mec, c'est tout ce qu'on te demande.

— Ah ouais ? Bah viens au stade cet aprèm, on va s'expliquer tous les deux, j'vais te défoncer.

Ambiance… Je lui aurais bien montré ma façon de penser mais manque de bol, j'avais parloir cet après-midi-là. Et pourquoi m'emmerder avec un crétin pareil ? En chemin, je croise le chef, mis au courant de cette altercation. Je lui explique ma version des faits, à deux doigts de m'excuser pour mon comportement lié à la sale semaine que je viens de passer. Il m'écoute. Et me balance :

— T'es arrogant, Dreyfus. C'est le bordel à cause du Covid et toi, tu mets de l'huile sur le feu.

— Si dire la vérité et se braquer face à une injustice flagrante est de l'arrogance, alors je n'ai pas fini d'être arrogant. Sachez-le, monsieur.

L'auxi en question ne nous a plus jamais cassé les rouleaux. L'arrogance doit avoir du bon, finalement…

Samedi 11 septembre. Je n'écris plus. Mes frustrations, mes états d'âme, mon malheur, je les évacue au téléphone, dont l'usage sans obstacles remonte le moral des troupes. Et puis il y a cette date du 20 octobre. Difficile à encaisser mais désormais, mon temps en taule, qui s'écrivait en pointillé, est un compte à rebours. Ça sera long. Mais ça aura une fin. Enfin. Et l'être humain a ceci d'incroyable qu'il s'adapte à tout, même au pire du pire. Tout conjugué, la vie ici devient supportable, petit à petit. Je n'en reviens pas d'écrire cela.

La bêtise de la Bête, en revanche, je ne m'y habitue pas. Qui le pourrait ? Hier, vers 14 heures, au stade, une bagarre a éclaté entre deux jeunes, parce que l'un des deux n'aurait pas tenu la porte à l'autre… Insultes, bourre-pif, chute. Visage en sang, l'un des deux file à l'unité sanitaire. Deux heures plus tard, une trentaine de Robocop déboule. « Fouille ! Tout le monde à poil ! » Euh, là, ici, au milieu du terrain de foot ? Pourquoi ? Deux totos en viennent aux mains, personne d'autre n'a eu de mouvement d'humeur, mais tout le monde trinque. Pourquoi nous rabaisser à ce point ? Passé cette humiliation collective, retour en cellule. Et sanction générale : le stade, c'est terminé jusqu'à nouvel ordre ! Les activités étaient déjà limitées en raison du Covid (qui a bon dos), voilà qu'à cause du comportement de deux individus, on prive tout le bâtiment « Respecto », qui ne mérite décidément pas ce surnom, de la dernière des distractions encore possibles ? Je lance, entre humour et colère : « Macron a appris que deux gars avaient été contrôlés à 160 kilomètres à l'heure sur l'A7. C'est pas pour autant qu'il a fait fermer l'autoroute, si ? »

Quelques jours plus tard, nouvel épisode illustrant le mépris et l'injustice qui règnent en prison. Denis, un détenu de la région Rhône-Alpes, a fait venir sa femme, prête à accoucher, dans une maternité proche du pénitencier. Le jeune papa a obtenu du juge une permission de sortie d'un après-midi pour voir le nouveau-né. Le matin du jour J, on lui confirme l'horaire : 14 heures.

14 h 05. Personne. 14 h 15. Personne. Il sonne, cogne à la porte comme un dératé pendant quarante-cinq minutes. Personne. 15 heures. Un surveillant daigne enfin venir le voir : « Pas d'extraction pour toi aujourd'hui. On n'a personne pour t'escorter. » Je ne connais pas la raison de son incarcération ni ses antécédents judiciaires, je ne sais pas si c'est un bon gars ou un sale type, mais qu'importe ! Si le juge l'a autorisé à sortir, pourquoi cette décision n'est-elle pas appliquée ? Pourquoi la Bête s'adjuge-t-elle arbitrairement le droit de ne pas respecter son devoir ? Quelle torture psychologique ! Depuis, sa femme est sortie de la maternité, et est rentrée chez eux. Monde de merde.

Samedi 25 septembre. Ce sentiment me révulse mais je dois bien l'admettre : après deux mois ici, je me sens comme un poisson dans l'eau. C'est une eau saumâtre et nauséabonde, mais mon instinct de survie a pris le dessus. Je m'adapte. Peut-être aussi me suis-je fait inconsciemment une raison et que l'inacceptable, si commun ici, m'a fait oublier ce qu'est la norme, celle qui codifie la vie à l'extérieur – un lointain souvenir. Mon courrier demandant à consulter mon dossier est, comme le précédent, resté lettre morte. Deux rendez-vous au parloir calés à la suite ne sont devenus qu'un seul – trop de retard. C'est ainsi. Inutile de lutter… Peine perdue. La Bête gagne à tous les coups.

Aujourd'hui, on « fête » les 48 ans de Fab. Des amis sont venus le voir. Un moindre mal. Moi, je lis. Beaucoup. J'ai fini le deuxième tome de *Guerre et paix*. J'attaque les *Mémoires d'outre-tombe* de Chateaubriand. À croire que je vais faire ma rentrée en fac de lettres… Non. Je ne suis qu'un détenu qui s'emmerde. Profondément.

Dimanche 3 octobre. Bernard Tapie est mort. Alors oui, je sais, ce n'était pas un tendre. Mais j'admirais cet homme parti de rien, pour sa force, son caractère, sa ténacité, sa tête haute et son verbe fort malgré les trahisons et les cabales qu'il a subies. À lui aussi, la justice en a fait voir de toutes les couleurs, téléguidée par des adversaires politiques jusqu'à ne pas avoir la décence de le laisser terminer sereinement sa vie. J'ai lu qu'il considérait la prison comme une parenthèse dans son existence. Je ne suis pas tout à fait d'accord avec lui, pour le coup. C'est selon moi accorder trop de légèreté à ce que la Bête inflige. Elle vous marque au fer rouge, jusqu'au plus profond de votre être, de votre âme. On vit à vie avec elle, et on ne s'en remet pas… La seule chose qui me fait tenir face à l'injustice, la déprime, la solitude et ce temps qui ne passe désespérément pas, c'est cette petite lumière au bout du tunnel : la sortie. Encore dix-sept jours avant le verdict et l'audience avec la juge des libertés et le procureur. Une éternité.

Dimanche 10 octobre. Trois mois que nous sommes ici. Trois mois de perdus. Si jamais la justice nous rend un jour notre liberté, notre honneur, notre argent ; si jamais elle a la clairvoyance de reconnaître cette colossale erreur et le courage de condamner les incompétents qui nous ont envoyés ici, personne ne pourra nous rendre ces dix-sept mois (tout cumulé). Ce temps, si précieux dans cette vie qui est trop courte, est perdu à jamais. Ils ont décidé de nous l'ôter sans preuves, sans autre chose que leur intime conviction. Et beaucoup par corporatisme, personne n'osant s'avouer qu'à chaque étape de cette instruction, de ces procès, le « collègue » précédent avait merdé, etc. Dans cette histoire, la machine judiciaire ne s'est pas enrayée. Elle a dysfonctionné dès le départ. Qui va réparer ? Qui demandera pardon ? Et surtout qui va avoir le courage de s'élever, en son sein, contre l'institution et nous rendre notre innocence ? Je rêve chaque nuit d'un homme qui, dans son bureau, au milieu des piles de dossiers estampillés « Affaire Air Cocaïne », rembobine le fil de cette histoire et lâche : « Mais c'est quoi ce bordel ? » Un rêve dans ce cauchemar éveillé…

Depuis une semaine, Fabrice et moi sommes journalistes en herbe dans le cadre d'un atelier « audiovisuel », chaque après-midi des quatre premiers jours de la semaine. Cette émission d'une quinzaine de minutes est à terminer pour Noël et sera diffusée sur le canal de la prison. J'espère bien ne jamais la voir. Ce qui est sûr, c'est que ça occupe un peu l'esprit. Aura-t-on le droit de dire quelques vérités ? La Bête va-t-elle nous censurer ? Toujours est-il que j'ai ainsi pu rencontrer Andrée Minguet, ancien bâtonnier d'Aix-en-Provence devenue Défenseur des droits. Suite à notre conversation, elle s'est engagée à accorder plus de temps aux nouveaux arrivants, les hommes comme nous, incarcérés mais pas définitivement reconnus coupables, et qui ont terriblement besoin d'être épaulés. Si ce journal audiovisuel pouvait aider à faire avancer les choses… Il y en a tant à améliorer.

Cette semaine aussi, la mesquinerie de la Bête s'est de nouveau acharnée sur Denis, qui n'avait pas pu sortir pour la naissance de son enfant. Cette fois, le juge l'autorise à visiter son grand-père mourant. Cette fois encore, pas d'escorte disponible pour lui. Durant la promenade, dans un élan de solidarité, les détenus se sont rebellés et ont fait front : ils ne remonteront pas en cellule tant qu'une solution n'aura pas été trouvée pour Denis. Trente minutes de palabres et de négociations qui portent leurs fruits : le lendemain, une escorte est mise en place. Comme quoi… Mais que ne faut-il pas faire pour que soit respectée cette chose simple : le droit.

Pour la première fois après deux mois, les plexiglas du parloir sont retirés. Je peux donc enfin prendre Estelle dans mes bras. Je n'aurais jamais cru que ce geste si simple me remuerait autant. Quelle secousse ! Quelle émotion ! Je me noie littéralement dans ce câlin. Je pourrais y rester durant les deux heures que l'on nous a accordées. J'ai l'impression de revenir dans le monde des vivants en faisant tomber les barrières que le zombie que je suis devenu depuis plusieurs semaines a érigées pour se protéger des vilenies de la prison. C'est comme si la vie coulait de nouveau dans mes veines, sur ma peau. Un shoot de plaisir et de bonheur, comme un drogué privé de sa dose depuis longtemps. Je n'ose même plus bouger, de peur de briser la magie et le charme de l'instant. Je respire. Une renaissance. Qui, évidemment, ravive mon impatience.

Samedi 16 octobre. Mon ami Alain est venu de Marseille avec sa fille Laurène, qui fait ses études à Lyon. Je suis évidemment heureux de la voir, et même flatté qu'elle ait pris le temps de faire le voyage pour rendre visite à son vieil « oncle ». Mais aussi dépité : se revoir ici, dans ce contexte cauchemardesque, entre ces murs insalubres… Pffff. Les parloirs se sont enchaînés cette semaine. J'ai vu ma mère, toujours aussi forte et déterminée, Vincent, mon amie Gégé… Ces visites me réchauffent le cœur et me donnent à chaque fois une nouvelle bouffée d'oxygène pour tenir. Tenir. Tenir.

Dimanche 17 octobre. J-3 avant l'audience avec le procureur et la juge des libertés, qui statueront sur notre sort. Ces derniers jours (j'espère !) sont terribles parce que je ne sais justement pas s'ils le sont vraiment. Décideront-ils, au dernier moment, pour un oui ou pour un non, de ne pas nous accorder notre demande de liberté ? La question m'étreint à chaque seconde. Elle m'obsède, me terrorise. Je ne dors plus, je mange à peine.

Hier, en allant au parloir, je suis comme d'habitude passé devant la grille qui mène à la sortie, à la dernière porte. J'ai eu l'impression de la découvrir pour la première fois. D'ordinaire, on la voit sans la regarder. Elle est synonyme d'une liberté qui vous échappe, dont on vous prive et qui ne vous est pas promise. Alors on détourne la tête, on l'oublie, pour ne pas plomber un moral qui l'est déjà bien assez. Cette fois, mes yeux se posent plus longuement sur elle. Je réunis toutes mes forces pour ne pas craquer, ne pas pleurer.

À part ça, promenade, déjeuner (lapin, semoule, tarte au citron – c'est plutôt bon, serait-ce le dernier repas accordé au condamné ?), sieste, téléphone. Et l'ennui, l'impatience, le temps qui ne passe pas. Un proverbe dit que « l'attente est le grand plaisir de la vie ». Son auteur n'a vraisemblablement jamais mis les pieds en prison…

Mercredi 20 octobre. Rendez-vous en visio avec le procureur et la juge des libertés. Grosse pression. Mais tout se passe bien. « Je ne m'opposerai pas à une mise en liberté avec contrôle judiciaire », dit-il. Elle reste impassible. « Verdict » demain. Vingt-quatre heures d'enfer. Un stress énorme. Si pour une raison quelconque elle décide de prolonger notre détention, on repart pour deux mois minimum, ce qui voudra dire que nous passerons Noël en prison. Impossible de fermer l'œil.

Jeudi 21 octobre. 14 heures. Coup de fil à nos avocats. « Vous êtes libres. Sortie en fin d'après-midi. » On se tombe dans les bras. On chiale, de joie. *Libres…* Je n'ai pas les mots pour raconter notre émotion. On prévient tout le monde. On fait notre baluchon. Dernier passage à la fouille. Le temps de remplir la paperasse et de retrouver nos affaires, et quand bien même nous sommes officiellement libres, une petite enflure de surveillant nous sépare et nous fait patienter… en cellule. Un p'tit dernier pour la route, c'est ça ? Salopard. La Bête est mauvaise perdante.

Je passe la porte. La dernière. J'aperçois mes parents et mes trois enfants. Estelle est en route. Mon « armée » est enfin réunie. On vient de remporter une bataille. Mais pas la guerre. D'autres combats nous attendent. Ce sera pour demain. D'abord, on va aller boire un coup.

CHAPITRE 6

ENFERMÉ DEHORS

Air Cocaïne. Deux mots pour un enfer. Deux mots qui traversent mes jours et hantent mes nuits. Deux mots qui rayent des vies. Surtout la mienne. Depuis dix ans. Dix ans ! Ponctuée d'interrogatoires, de perquisitions, de séjours en prison, de procès, d'humiliations, d'opprobre, de défiance et de déchirures personnelles, cette affaire aussi rocambolesque que tumultueuse contient tous les ingrédients d'une série à succès dont la fin tarde à s'écrire. Et dont je suis l'antihéros qui n'a pas demandé à l'être. La justice joue avec mes nerfs. Et détruit mon existence, qui tourne au ralenti. Je vis dans le brouillard, dans une angoisse latente, mais aussi et surtout dans l'attente. Je suis droit dans mes bottes et le fin fond de ma conscience est des plus tranquilles. Il n'empêche que je suis ceinturé dans le chariot d'une montagne russe qui ne s'arrête jamais. Je sais que je suis innocent. Je me regarde tous les matins dans le miroir sans me mentir. Et au fin fond de moi-même survit l'idée que la vérité éclatera. Elle finit toujours par transpirer. Ça sera ou non de mon vivant. Mais cela arrivera, c'est certain. En attendant, j'encaisse. Et j'attends. Ma vie, c'est ça, attendre. Et subir.

Voilà dix ans que les mêmes cauchemars me réveillent la nuit. Quand mes tourments me laissent un peu de répit, c'est au réveil, les yeux à peine entrouverts, que ces deux mots surgissent sans que je le veuille, comme un flash : « Air Cocaïne ». C'est mécanique : les roues du vélo que j'ai dans le cerveau se mettent alors à tourner, avec le même flot de questions qui ne me quitteront plus jusqu'au soir : « Pourquoi ? Pourquoi moi ? Pourquoi la justice s'acharne-t-elle sur moi ? Qu'ai-je fait pour mériter ça ? Pourquoi, bon sang ? Pourquoi ? » Quand le réveil sonne, les fois où mon horloge interne ne l'a pas anticipé et ne m'a pas fait sursauter dans la nuit noire, je sais déjà que la journée sera la même que la veille, et la même que le lendemain – ou presque. Je vais refaire une bonne dizaine de fois le scénario de ce très mauvais film. Je vais revivre cette tranche de vie en accéléré, en quelques heures. Rebelote le lendemain, et le surlendemain, etc. Je suis Bill Murray dans *Un jour sans fin* – le *happy end* en moins. Et dans tous les sens du terme, croyez-moi : je ne fais pas de cinéma... C'est même plutôt l'inverse. Mes états d'âme, je les garde pour moi. Je suis un homme jovial et chaleureux (enfin je crois), mais dès qu'il s'agit de mes sentiments intimes ou plus profonds, qui plus est moroses, je ne suis pas du genre expansif. Je suis un cartésien taiseux. Pas du style à me plaindre, ni à chouiner sur mon sort, convaincu que l'homme détient son destin entre ses mains et doit d'abord s'en remettre à lui-même avant de chercher ailleurs des réponses qui sont en lui. C'est ma philosophie. Action-réaction – encore faut-il qu'on m'en laisse la liberté.

Je m'épanche donc rarement mais je peux vous dire que là-haut, ça mouline. Chaque jour, d'une heure à l'autre, la colère cède à l'abattement, l'exaspération, à la mélancolie. C'est une torture psychologique quotidienne, un mal-être lancinant. On me dit parfois : « Tu as l'air bizarre aujourd'hui. » J'ai envie de répondre : « Bah oui mon con, tu ne sais pas ce que je vis ! » En vrai, je sais qu'ils savent. Je sais que mes proches se doutent bien que j'ai ce truc qui rôde en permanence, comme un caillou gênant dans la godasse et dont on n'arrive pas à se débarrasser. Ils souffrent aussi, malheureusement, par effet domino, mais la vérité, c'est que personne ne peut ressentir un quart de seconde ce que je vis quasiment à chaque instant. Et quand je suis seul avec moi-même, c'est-à-dire souvent, nul n'a conscience de l'angoisse qui m'étreint lorsque le soir arrive et que quand je me couche, ma dernière pensée n'est pas : « Qu'est-ce que je vais faire de beau demain ? » mais : « Comment tout ça va-t-il se finir ? »

Le roseau plie sans rompre face au vent, dit-on. Dix ans que je plie au gré des échéances de ce marathon judiciaire et de cet enfer sur Terre ! Mais je ne suis qu'un homme et parfois, je casse, basculant dans la déprime et ses catacombes, comme ce 20 novembre 2022, jour du verdict rendu par la Cour de cassation. Mon (notre) dernier espoir. « Coupable. » Sanction confirmée. KO debout. Puis au tapis, littéralement. Je reste cloué au lit pendant quarante-huit heures, dévasté, tétanisé. Pour la première fois en dix ans, oui, je perds pied. Je sens le sol se dérober sous mon corps. Je sens mes forces se perdre. Je sens que c'est perdu. J'entrevois la fin du combat. J'entends le gong. Je me revois en taule. Cauchemar, *bis repetita*... Rideau.

J'en ai pourtant vécu, des angoisses et des vagues de détresse, depuis le temps. En prison ou dehors. Mais jamais à ce point. J'ai toujours su trouver une branche à laquelle m'accrocher. Le verdict du premier procès m'avait ainsi laissé dans une incompréhension totale, mais avec la conviction qu'il était trop inique pour être vrai, et que cette erreur était trop énorme pour ne pas être revue et corrigée. Que ces messieurs-dames les juges avaient perdu le sens commun. Qu'ils n'avaient pas tout compris, ni tout entendu ou tout écouté, à force de roupiller entre deux témoignages, hum ; dans cette histoire aux ramifications barbantes – OK, mais n'est-ce pas là leur boulot ? Grrrr. J'en suis sorti avec l'intime certitude que l'acte 2, examiné par d'autres, tournerait en ma faveur. Comment pouvait-il en être autrement ? Quelle naïveté ! Quelle incrédulité ! Au sortir du procès en appel, qui m'a liquéfié, j'ai sitôt acquis cette assurance qui ne me quitte plus : il n'y a pas qu'un loup dans cette affaire, mais carrément une meute. Avec mes avocats et ma si chère famille désormais rompue à toute épreuve, on a rallumé la flamme. On s'est plus que jamais serré les coudes, consolidant des liens déjà forts, uniques. Las. La « cass' » a tout éteint. Deux jours de PLS, de larmes et de sueurs froides. Deux jours qui puent la défaite. Deux jours maudits. Le cœur et le corps qui lâchent. L'espérance qui s'éteint. Le craquage total. Le noir. L'envie de ne pas être là. Le suicide ? Hors de question. J'aime trop la vie. Et ça serait leur donner raison. Aux yeux de la justice, et donc à ceux de la société, je suis un trafiquant de cocaïne. Du pur délire. *Game over* ? C'est mal me connaître…

Ma nature est ainsi faite qu'après ces deux jours passés dans l'obscurité de ma chambre, je remonte sur le ring. Je n'ai d'autre option que de me battre. Je n'ai d'autre option que de repartir au combat. La justice française me crache une nouvelle fois au visage ? Très bien. Alors allons voir un étage au-dessus : la Cour européenne des droits de l'homme. Mon avocat y croit. Moi aussi. Car cette sphère judiciaire diffère de la nôtre. Depuis le début de cette histoire (une pétaudière), je suis la victime d'une chaîne de dysfonctionnements qui crèvent les yeux, le bouc émissaire des rouages du système français, solidaires. Les juges suivent le procureur qui soutient la juge d'instruction qui a elle-même orienté les enquêteurs dans une cabale à charge. C'est une machine infernale avançant avec des œillères. Parce qu'elle veut atteindre son but, parce qu'il lui faut un coupable. Pour tous ces gens, m'innocenter reviendrait à dire qu'ils sont dans l'erreur policière et judiciaire, ce grand tabou des professionnels de l'ordre et du droit. Reconnaître leurs errements, leurs torts, leurs bavures nuirait à leur carrière ou à leur réputation. Et comment justifieraient-ils toutes ces dépenses faites sur le dos de l'État, ces dix années de procédure, pour aboutir à un non-lieu sans tête à mettre au pilori ? Alors ils se serrent les coudes, se protègent les uns les autres. Et s'acharnent. La Cour européenne des droits de l'homme, indépendante (elle), n'a que faire de ce corporatisme crasse. Elle n'a aucun compte à rendre à la France. Je crois en cette institution. Et puis ce n'est pas comme si j'avais d'autres possibilités… C'est mon tout dernier recours.

Je pourrais mettre fin à ce supplice qui non seulement me fait un mal sans nom, mais éclabousse aussi toute ma famille, par ricochet. Comment ? En acceptant la sentence : par le biais d'un aménagement de peine, j'éviterais la case « prison », *a priori*. C'est en tout cas ce que le juge des libertés avait clamé lors du procès en appel, furieux du verdict : « Moi vivant, et si je suis toujours en poste le jour où il faudra statuer, jamais je ne renverrai ces hommes derrière les barreaux ! Ils sont innocents ! C'est une honte ! » Il y a encore quelques courageux dans notre bon vieux système judiciaire… Malheureusement pour moi, ce ne sont pas eux qui détiennent les clés de mon destin, ma vie est entre leurs mains. Oui, je pourrais tout envoyer valser, dire : « OK, je suis coupable, mettez-moi un bracelet électronique et on n'en parle plus ! » pour reprendre un semblant de vie normale une fois tout cela purgé. Mais je ne veux m'y résoudre. Impossible. Inconcevable. Pourquoi devrais-je arranger tout ce monde en admettant une fausse culpabilité ? C'est hors de question. Je me battrai jusqu'au bout, je puiserai dans l'énergie du désespoir, j'irai chercher la force nécessaire mais je n'abdiquerai pas. Jamais ! Et quoi qu'il en coûte, comme dirait l'autre… Je sais à quoi m'en tenir en me lançant, avec mes avocats convaincus du bien-fondé de mon combat, dans cette ultime étape, assoiffé de justice et de vérité. Il va falloir être fort, vaillant, et surtout patient. Je suis usé. Mais rodé.

On me demande souvent comment je fais pour tenir. Pour toute réponse, il paraît que j'offre alors un large sourire, non feint mais crispé. Franc mais inquiet. Sincère mais pas total. C'est un rictus qui botte en touche, plein de dents, mais dont la commissure des lèvres trahit une décennie d'épreuves. Un rictus qui dit : « C'est sympa de demander, mais parlons d'autre chose… » Ma nuque se raidit et mes deltoïdes se crispent, aussi. On reconnaîtrait un type qui a vécu la taule à la tension musculaire qu'il a dans le dos, comme une barre indélébile coincée entre les épaules. Bien dit. C'est tout à fait ça.

Étais-je le même avant ? Je ne sais pas. Je ne sais plus. J'ai oublié. La seule chose que je sache, c'est que je survis. Bon an mal an. Malgré tout. Malgré le pire qui me pend au nez. Grâce à ma famille, mes gosses, mes amis, et même mes chevaux, qui tous m'offrent des moments de joie trop éphémères et malheureusement pollués par cette affaire. Ce sont des shots de bonheur qui font que je m'accroche, que je respire, que je m'évade (un peu), avant que la réalité ne me rattrape. C'est un immense gâchis. Parce que sans cette affaire qui me pourrit l'existence, je serais le plus heureux des hommes, ayant tout pour mener cette vie dont j'ai toujours rêvé du temps où je travaillais comme un forcené à la tête de mon entreprise. À quoi ressemble-t-elle ? À la simplicité. Au plaisir. Boire mon café sur ma terrasse, au pignon de mon domicile, mon cocon, qui jouxte les écuries. Contempler le soleil se levant sur la rase campagne, respirer le grand air de la Provence et faire mon footing dans le maquis environnant. Puis faire le tour des box et soigner nos chevaux avec Rio, mon fidèle épagneul de Münster, toujours dans mes pattes. Embrasser mes parents, la bienveillance incarnée, qui vivent tout près dans un autre pan du haras. Déjeuner avec eux autour de cette table toujours ouverte aux amis de passage. Partir en week-end avec la femme que j'aime, le cœur léger et l'esprit apaisé. Aider et conseiller mes désormais grands enfants autant qu'un père puisse le faire. Profiter du spectacle et de l'adrénaline d'un concours de saut d'obstacles. Aller boire un coup de rosé et avaler une pizza avec les copains. Bref, vivre. Comme tout un chacun. Je profite de ces plaisirs au jour le jour, mais dans une sorte de *carpe diem* imposé, avec ce nœud dans le ventre (ou dans la poitrine, ça dépend des jours) et l'ombre de cette affaire qui me suit en permanence et m'empêche de voir au surlendemain et d'envisager des projets à long terme. Condamné mais en liberté, je ne suis pas libre pour autant.

Je suis enfermé dehors !

Voyager au-delà des frontières qu'une carte d'identité ne l'autorise m'est ainsi impossible, la justice ayant réquisitionné mon passeport, le temps de la procédure, pour une raison que j'ignore encore – peut-être a-t-elle peur que je m'évapore dans la nature… un comble pour un pilote qui a fait plusieurs fois le tour de la planète et compte plus de 13 000 heures de vol au compteur. Et quand je décide de quitter la France, et surtout de prendre l'avion, pour de simples vacances, c'est un péplum, comme en juin 2022. Avec mes parents et quelques amis, je rêve depuis longtemps de m'offrir une belle croisière en Méditerranée, au départ de Venise. Avant toute chose, par méfiance comme par précaution, j'interroge mon avocat sur les conditions de mon contrôle judiciaire, je lui demande si j'ai le droit de voyager. « Le jugement n'implique et n'indique aucune interdiction de quitter le territoire », me dit-il. La justice n'étant pas à une incohérence près, et pour ne pas m'ajouter plus d'ennuis que je n'en ai déjà, je lui suggère tout de même de s'en inquiéter par écrit auprès du procureur de la cour d'appel d'Aix-en-Provence. Réponse : « Je ne peux rien pour vous ! Je ne peux pas vous délivrer une autorisation afin de faire une chose pour laquelle il n'y a pas d'interdit ! Monsieur Dreyfus peut quitter le territoire. » Soit. Ce samedi de juin 2022, je monte donc à bord d'un Easyjet au départ de Lyon, l'esprit tranquille. Direction Venise et le grand large pour une semaine de bonheur en famille. Le voyage est superbe. La vie est belle. Je respire. Je recharge les batteries. « Vacances, j'oublie tout. » Ce dicton n'a jamais aussi bien porté son nom. Le dimanche suivant, le retour en France doit se faire par Athènes-Zurich-Marseille, où je présente comme tout le monde ma carte d'identité à l'agent de la police aux frontières. Lorsque je la vois s'affairer plus qu'il n'est besoin sur son ordinateur, puis froncer les sourcils, ma jauge d'énergie tombe dans le rouge en quelques secondes. L'agent m'interroge :

— Monsieur, vous êtes sûr que vous avez le droit de voyager ?

— Oui, parfaitement sûr.

— Bon, patientez. Je vais appeler un OPJ…

Celui-ci arrive et me demande de le suivre dans son bureau. Allez, c'est reparti pour un tour… Il me dit :

— Monsieur, vous n'avez pas le droit de quitter le territoire.

— Alors si. En plus, je ne le quitte pas là, je rentre !

Je lui raconte mon parcours de ces derniers jours, effectué sans heurts. Et lui explique :

— Si vous avez mon jugement sous les yeux, vous verrez que je n'ai pas d'interdiction de quitter le territoire. Je m'en suis même inquiété avant de partir : vous vous doutez bien que je ne vais pas mettre mon contrôle judiciaire en danger pour une croisière, non !? Et j'ai fait trois vols cette semaine, sans que vos collègues bronchent, ce n'est pas logique ! Pourquoi là, ça pose un problème ?

— Je n'ai pas le jugement sous les yeux. Et je ne suis pas responsable des faits et gestes de mes collègues. Je sais simplement que vous avez dû remettre votre passeport ! En général, ça s'accompagne d'une interdiction de quitter le pays. Donc ça ne va pas le faire, monsieur…

Tandis qu'il passe des coups de fil pour joindre le procureur, j'appelle mon avocat, qui par chance et bonheur me répond. Et propose d'envoyer le jugement par mail à l'OPJ :

— Ah mais on n'a pas accès aux mails là.

— Incroyable… Bon, et s'il me l'envoie et que je vous le montre, ce jugement, c'est bon ?

— Oui, oui… Faut voir.

Je reçois le mail de mon avocat, et l'OPJ – que je me retiens d'emplafonner – le consulte.

— Ah mais ce n'est pas logique tout ça. Normalement, quand il y a remise des papiers, le texte précise : « Interdiction de quitter le territoire »…

— Mais qu'est-ce que j'y peux, bon Dieu de bois ?

— Oh du calme monsieur Dreyfus, je ne fais que mon travail !

— Bah, je ne suis pas sûr que vous le fassiez aussi bien que ça…

Je fais vraiment de mon mieux pour garder mon calme – il manquerait plus que je prenne « outrage à agent »… Et après une heure de palabres et de vérifications, il me « libère ». Une heure. Perdue pour rien. Pendant ce temps-là, vous imaginez mon père, 90 ans, assis dans le hall de l'aéroport, à se demander si son fils ne va pas retourner en prison pour être parti en vacances ?…

Mais l'histoire ne s'arrête pas là. Quelques semaines plus tard, lors de mon pointage hebdomadaire à la gendarmerie de La Roque-d'Anthéron, à dix minutes de chez moi, je tombe sur un adjudant-chef, un type sympa que je connais bien, désormais. « Monsieur Dreyfus, je suis désolé mais on va devoir vous entendre, à la demande du procureur. » Pardon ? Je tombe de l'armoire. Je lui explique tout. Il lève les yeux au ciel, compréhensif. « OK, je vois… Bon, filez, je vais moi-même faire une réponse au proc'. Pfffff. C'est idiot. Vous imaginez le temps qu'on perd, vous et moi, pour des bêtises pareilles… » À qui le dis-tu !?

Tout est bien qui finit bien, cette fois. Mais cet épisode résume à lui seul mon quotidien, fait d'embûches et d'emmerdements – comme si ce n'était pas assez difficile comme ça – causés par des gens qui font du zèle ou me traitent comme le pire des criminels. Il suffit d'un… Je tiens tout de même à préciser que neuf fois sur dix, mes rapports avec les autorités (police, gendarmerie) se passent très bien. Et donnent même lieu à des scènes totalement improbables, comme ce dimanche après-midi du printemps 2022.

Après un bon repas en famille suivi d'une petite sieste pour les uns et d'un saut dans la piscine pour les autres – le dimanche parfait –, je ramène un oncle à la gare. Sur la route, je double à 100 kilomètres à l'heure au lieu de 80… près d'une voiture de policiers en civil. Ça ne loupe pas : gyrophare, appels de phares. Je suis arrêté. En plus de mon excès de vitesse, je sais que j'ai un peu bu. Raisonnablement, mais dans ces cas-là, tu te dis : « Merde, je suis peut-être à la limite. » Je ne fais donc pas le malin, manquerait plus que je perde mon permis de conduire… L'agent contrôle mes papiers, lit mon nom et me demande d'un ton grave :

— Vous êtes le Pierre-Marc Dreyfus du procès Air Cocaïne ?

— Oui oui, c'est moi.

— Je vois… Eh bien monsieur, le contrôle va s'arrêter là. On va considérer que je n'ai rien vu.

— Ah… Merci, je ne sais pas quoi dire, je…

Il me coupe :

— Oui, c'est bon, la justice française vous en a déjà bien assez fait voir comme ça. Pensez juste à lever le pied, hein. Circulez. Bonne route.

Celle-là, autant vous dire que je ne m'y attendais pas. Un flic vient vraiment de me faire une fleur ? Et de me témoigner son soutien ? Je suis sur le cul. Mais j'ai à peine le temps de savourer mon soulagement que surgit cette pensée terrible. OK, c'est sympa et réconfortant, mais c'est aussi terrorisant car ses mots et son attitude sont bien la preuve que certains professionnels de l'ordre et de la loi ne sont clairement pas d'accord avec le verdict que vous connaissez et ne croient pas en ma culpabilité. Ils sont du métier, de l'intérieur (au sens propre comme au figuré), donc au courant des rumeurs et des bruits de cour : ils savent qu'il y a erreur judiciaire, ils savent que je suis innocent. C'est du moins ce que j'en conclus.

Ce policier n'est d'ailleurs pas le premier à m'avoir fait part de son sentiment et de son intime conviction. Je pense notamment à ce greffier, en activité et présent lors du premier procès, qui a pris sa retraite avant celui en appel, venu en spectateur spécialement pour me serrer la main et me confier que tout cela était terriblement injuste. Je me remémore aussi ces agents chargés de mon transfert entre la prison et le tribunal, dont le regard et le comportement trahissaient leur gêne de convoyer un innocent. Toutes ces marques de sympathie à mon égard qui sont autant de désapprobations envers cette décision de justice me laissent au final un goût amer. Je sais qu'ils sont nombreux à savoir que c'est une connerie, tout ça. Mais aucun d'entre eux ne peut rien pour moi…

Avant de me retrouver dans l'œil du cyclone, pris entre les griffes de la justice (ou plutôt de l'injustice), je pensais benoîtement qu'une personne, bien que noyée dans les affres d'une longue et lente procédure et exerçant son droit de faire appel ou de se battre (légalement, j'entends), restait présumée innocente. Et qu'elle pouvait donc, dans l'interstice, si tant est qu'elle ne soit pas sous les verrous – je sais de quoi je parle –, vaquer librement à ses occupations, travailler, vivre. Je sais aujourd'hui combien c'est faux. Je sais aujourd'hui que, coupable ou innocent, quand la justice vous met le grappin dessus, elle vous marque au fer rouge aux yeux du monde entier. On le constate chaque jour au gré des scandales qui éclatent dans l'actualité : la présomption d'innocence et le respect de la procédure n'existent pas. « Il n'y a pas de fumée sans feu », dit le tribunal populaire. Et si perdure un doute, c'est qu'il n'y en a pas…

Je ne suis certes pas une célébrité fusillée sur la place publique par l'opinion ou les réseaux sociaux. Quand j'y repense, je me dis parfois que j'aurais peut-être dû médiatiser mon histoire plus tôt. Il paraît que s'agiter dans les médias fait parfois pression sur des juges. Et influe sur leur perception de la réalité. Mais il paraît aussi que c'est à double tranchant… Et puis ce n'est de toute façon pas dans ma nature. Sans compter que j'avais confiance et foi en la justice de mon pays. J'ai toujours pensé qu'elle ouvrirait les yeux. Que la raison finirait par l'emporter. Que je n'aurais pas besoin d'écrire ce livre pour remettre l'église au milieu du village. Je sais aujourd'hui que le système judiciaire est un monstre, sans cœur. Sans âme. C'est une machine infernale, inhumaine et broyeuse, qui ne fait pas de sentiments.

En plus d'être injuste, elle met ma vie en suspens et me laisse en plan, à sa merci, au bon vouloir de son rythme et de son fonctionnement. Cela fait ainsi dix ans qu'officiellement, je ne travaille pas. Dans le paragraphe qui m'est consacré sur la fiche Wikipédia de l'affaire Air Cocaïne, il est indiqué que je suis ouvrier équin. Ça a le mérite de m'attribuer une fonction sociale et d'associer mes occupations quotidiennes à un (beau) métier, mais dans les faits, je suis sans emploi. Et je ne possède aucune marge de manœuvre pour renouer avec le passé et retrouver ma qualité d'entrepreneur. Il y a cette amende solidaire, déjà, qui me prend en otage. Eh oui : comme tous les condamnés en sont solidairement responsables et que chacun doit donner tout ce qu'il peut, et que la somme n'est pas divisible en parts égales ; si l'un de nous a la somme, il paye pour les autres. Et comme personne ne veut se retrouver le dindon de la farce, personne ne fait d'affaires, ne veut gagner « trop » d'argent de peur de devoir payer l'addition pour tout le monde. Et il y a la cruauté du monde « réel ». En 2022, je me penche sur la potentielle reprise d'une société de la région dont l'activité m'intéresse : le ramassage d'ordures réalisé par des chevaux. Un projet parfait conciliant des valeurs humainement et économiquement porteuses (l'écologie), et ma passion. Ce n'est pas pour faire fortune, mais pour me donner une consistance socioprofessionnelle et une bonne raison de me lever le matin. Le plus sérieusement du monde, j'étudie ce marché, réalise un audit de la boîte en question, échafaude un business plan et monte un dossier solide que je présente à des banques dans la perspective de l'obtention d'un prêt. Réponse unanime : refus. Non pas parce qu'elles doutent du bien-fondé du projet ou de ma solvabilité, et *a priori* non plus (mais j'ai le droit d'en douter) par défiance vis-à-vis de mes antécédents et de mon présent judiciaire. Quand j'avance l'hypothèse d'une condamnation future, ferme et définitive, mais qui ne me jetterait pas en prison, silence radio et mutisme gêné. Mon cas dérange. Ce que les financiers craignent, c'est de voir un jour leur nom et leur réputation entachés à la une d'une presse putassière que je ne nommerai pas en m'octroyant un prêt. Du genre : « La banque “machin chose” finance un trafiquant de cocaïne. »

J'ai eu droit aux mêmes préjugés et au même tarif quand, en fin d'année 2022, mes fils et moi avons entrepris de monter une société civile immobilière afin d'acquérir une maison, notre maison – le logement que nous occupons actuellement ne nous appartient pas –, comme tout citoyen lambda. Là aussi, ma situation a posé un problème qui n'aurait pas dû exister. Je vous passe les détails administratifs, toujours est-il que ce beau projet familial – et l'emprunt nécessaire qui le supposait – n'a pu se réaliser comme nous l'entendions. Non pas faute de garanties ni de moyens – le dossier était en béton, encore une fois, mais à cause de cette ombre qui me pourchasse, de cette épée de Damoclès qui pend au-dessus de ma tête, et surtout de la peur du qu'en-dira-t-on, de la frilosité et de la crainte d'un système mauviette qui me juge sans savoir et me traite comme un pestiféré. Ce n'est pas de la parano. Je hais les complotistes. Et ce ne sont pas les supputations d'un homme aigri et frustré par une fin de non-recevoir, mais la réalité, cruelle et rageante : je suis socialement mort. Et on danse sur mes cendres.

Cela me fait beaucoup rire quand j'entends les responsables politiques de tout poil parler de réinsertion et du droit des personnes ayant purgé leur peine à recouvrer une vie normale. Vaste blague ! La justice tranche et sanctionne, pour un temps limité. À la fin de l'histoire, la société est censée réintégrer ses brebis égarées que leur peine exécutée ou leur crédit acquitté ne rend plus galeuses. C'est censé être l'ordre logique des choses. Mais ça, c'est sur le papier. Car dans la vraie vie, un casier judiciaire, lourd ou léger, pèse jusqu'à la fin de vos jours. Et on s'étonne que les escrocs récidivent ! Je l'ai appris et constaté en prison : certains hommes ont le mal vissé en eux et ne savent faire que ça, c'est gravé dans leur ADN. Mais je sais aussi que d'autres font tout pour s'en sortir et revenir dans le droit chemin. Seulement voilà, puisque la société les rejette, les bannit à perpétuité et annihile leurs bonnes intentions, ils s'en détournent et tentent à nouveau le diable. Je ne les soutiens évidemment pas, persuadé que ce n'est en rien une solution. Mais je sais aussi combien l'être humain est faillible. Et quand en plus il n'est pas aidé…

Sans pleurnicher, mais sans exagérer non plus, je considère que mon cas est encore pire que celui de ces repris de justice croisés à Luynes ou aux Baumettes. D'abord parce que je n'ai rien fait et que mon casier judiciaire, pour l'instant noirci, a encore juridiquement des chances de tomber aux oubliettes. Mais aussi et surtout parce que la justice me laisse, pardonnez-moi l'expression, le cul entre deux chaises depuis une décennie. Je suis coupable, depuis le jugement de la Cour de cassation, mais libre. Je ne suis pas derrière les barreaux mais je suis socialement entravé, scotché malgré moi au banc des accusés. Aujourd'hui, je reste peut-être un indécrottable optimiste, mais il suffit qu'une seule voix se lève, qu'un seul petit fil soit tiré, qu'une personne parmi les juges, les policiers, qui sais-je encore, prenne son courage à deux mains pour révéler que cette histoire a été montée de toutes pièces et que l'espoir renaisse. Ça sera désormais à la Cour européenne des droits de l'homme de trancher. Je pense qu'il n'y a pas beaucoup de gens qui souhaitent qu'on connaisse la vérité sur cette affaire. Beaucoup ne veulent pas qu'on sache qu'ils ont mal fait leur travail. Les institutions se protègent entre elles. Mais j'y crois. Et je continue de me battre. De contre-attaquer : j'ai porté plainte contre les douanes, qui ont menti. Et nous attendons une deuxième demande d'enquête contre l'Ocrtis. Tout cela sera encore long, mais patience. Je ne baisserai jamais les bras. Jamais.

BIBLIOGRAPHIE

« Procès Air Cocaïne – La juge à la barre : “Être ici est une épreuve” », *La Provence*, 23 mars 2019

REMERCIEMENTS

George Santayana, écrivain et philosophe américano-hispanique, a écrit : « Il semble prudent de remercier un auteur pour son livre avant de le lire. Cela évite d'avoir à mentir. » Dans mon cas, je suis assez serein, puisque j'ai partagé ce risque avec Mathieu.

J'aimerais citer le nom de chaque personne pour la remercier, mais sans doute que cela prendrait quelques pages peu intéressantes. Et j'aurais peur que ma mémoire ne me joue quelques sales tours.

Alors je m'adresse à vous qui saurez-vous reconnaître. Derrière ce « vous » se cache tout un tas d'hommes et de femmes : ils sont jeunes, vieux, grands, petits, maigres, gros, pauvres, riches, proches, éloignés. Peu importe. Ce qui compte pour moi, c'est, que sans ces vous je ne sais pas si je serais arrivé à traverser ces dix années.

Derrière ce « vous » se cache quelques paroles, une lettre, un geste amical, un sourire. Certains ont forcément donné plus que d'autres, certains ont tellement donné que le vous est devenu tu.

Je vous remercie tous, vous tous qui m'avez écouté, soutenu, redonné le sourire lorsque j'étais prêt à pleurer, houspillé lorsque j'étais prêt à baisser les bras, donné la force de rester sur « le ring ».

Alors à tous ces « vous », je dis : « Ne changez pas. » Et encore merci.

TABLE

Composition et mise en pages
Nord Compo à Villeneuve-d'Ascq